beck Ische
reihe

bsr
b

Xenia Frenkel

Kinder erziehen

Die 101 wichtigsten Fragen und Antworten

C.H.Beck

In Zusammenarbeit mit **Eltern** und family
® ELTERN ist eine Marke der Gruner + Jahr AG & Co KG
® ELTERN family ist eine Marke der Gruner + Jahr AG & Co KG
– Alle Rechte vorbehalten –

Originalausgabe

© Verlag C.H.Beck oHG, München 2013
Gesetzt aus der Albertina MT im Verlag
Druck u. Bindung: CPI – Ebner & Spiegel, Ulm
Umschlagentwurf: malsyteufel, Willich
Umschlagabbildung: © Annie Engel / cultura / Corbis
ISBN 978 3 406 65379 7

www.beck.de

Inhalt

Familienalltag

Umgang mit anderen Kindern

Meinen Eltern, meinen Kindern und Enkeln
in Liebe und Dankbarkeit

Elternfreuden und Elternnöte

Wie gut müssen Eltern sein?

1

Die Pflichten von Eltern liegen auf der Hand: Sie müssen perfekt sein. Das ist auch nicht weiter schwierig, jeder weiß, dass Eltern überirdische Wesen sind, liebevoll, fürsorglich und selbstlos. Sie verfügen über unerschöpfliche Geduld und haben tausend Ideen, wie sie ihrem Nachwuchs die Langeweile vertreiben und aus der Klemme helfen können.

Das stimmt! Mit einer kleinen Einschränkung: Eltern sind nicht immer so. In jeder Mutter und jedem Vater steckt auch ein ganz gewöhnlicher Mensch mit Stärken und Schwäche, mit Macken und Launen. Höchste Zeit also, sich von übertriebenen Erwartungen an Eltern zu befreien.

Eltern können bekanntlich scheitern, und zwar täglich gleich auf mehreren Ebenen. Die Fettnäpfchen, in die sie treten, sind so zahlreich wie die Unterlassungssünden, die auf ihr Konto gehen. Schlechte Schulnoten, Geschwisterrivalität, Allergien, Schlampigkeit – es gibt unzählige Gelegenheiten, ein schlechtes Gewissen zu entwickeln. Und wenn sich eines Tages herausstellt, dass sich ein Kind im Leben nicht problemlos zurechtfindet, wissen alle, wo die Schuld zu suchen ist: Natürlich bei den Eltern! Schließlich haben sie sich jahrelang um das Kind gekümmert – oder eben nicht genug. Kein Wunder, dass viele Eltern enorm unter Druck stehen. Trotzdem halten die meisten an einem idealisierten Elternbild fest. Woran liegt das?

Soziologen weisen darauf hin, dass es in einer Gesellschaft, die sich zum einen an Produktivität und zum anderen an Produkten orientiert, nicht weiter verwunderlich ist, dass sich Eltern in das Superman-Outfit zwängen, um ein perfektes Produkt zu kreieren. Denn das beweist, dass sie ihren Job gut gemacht haben.

Der Superelternwahn wird auch durch wissenschaftliche Erkenntnisse gefördert, die Eltern einen nahezu unbeschränkten

Einfluss auf ihr Kind zuschreiben – und damit auch Verantwortung für alles, was schiefgeht.

In der Hollywoodkomödie «Sky High» sind der schüchterne Willi und seine Mitschüler mit Supermamas und Superpapas beglückt, die Bärenkräfte besitzen, sich wie Gummi verbiegen können und mit einer Bewegung ihres kleinen Fingers ganze Landstriche erstarren lassen. Die Supereltern können alles, und alles besser als ihre Kinder, die ständig an diesen großartigen Leistungen gemessen werden. Im Film ist das lustig. Im wirklichen Leben sind Supereltern eine Last. Kein Kind kann unter solchen Umständen erwachsen werden, ohne Schaden zu nehmen. Dabei sind Minderwertigkeitskomplexe vermutlich noch das geringste Übel. Umso wichtiger ist es, hier einmal gängige Mythen aufzuzeigen und für ein entspanntes und realistischeres Elternbild zu sorgen:

Mythos Nr. 1: Eltern lieben bedingungs- und grenzenlos. Nur Gott liebt grenzenlos. So steht es jedenfalls in der Bibel. Eltern sind Menschen, und jeder Mensch hat seine individuellen Liebes- und Verständnisgrenzen. Man muss nicht an extreme Lieblosigkeit denken, um zu wissen, dass unentwegte Elternliebe keineswegs selbstverständlich ist. Und: es gibt kein Recht auf Liebe. Sie ist ein Geschenk, das größte, das Eltern machen können. Doch Liebe allein reicht keineswegs aus, damit aus Kindern verantwortungsvolle, fürsorgliche, kompetente Erwachsene werden. Sie garantiert auch nicht lebenslange emotionale Sicherheit, Stabilität und Glück.

Mythos Nr. 2: «Kinder sind der Mittelpunkt, und die Welt dreht sich darum.» Dieser Satz stammt von Ursula von der Leyen, der ehemaligen Bundesfamilienministerin. Dass sich die Welt um die Kinder dreht, mag einer siebenfachen Mutter so vorkommen, aber für die meisten Eltern – und wohl auch für Frau von der Leyen – sind Kinder ein zweifellos sehr wichtiger, aber zum Glück nicht der einzige Lebensinhalt. Das wäre nämlich eine schwere Hypothek, die Kinder daran hindern würde, ein eigenes Leben zu führen. Es bekommt ihnen ausgezeichnet, wenn sie erfahren, dass es für ihre Eltern auch außerhalb des Mikrokosmos Familie interessante und wichtige Dinge gibt. Ein Vater, der sich leidenschaftlich seinem Beruf widmet und mit einem Laienchor ein Musical einstudiert, oder eine Mutter, die neben ihrem Beruf Fortbildungen besucht und in der Kommunalpolitik tätig ist, können wichtige Vorbilder sein.

Mythos Nr. 3: Eltern lieben jedes ihrer Kinder gleich. An kaum einem Mythos stricken Eltern eifriger mit als an diesem. Natürlich lieben sie jedes ihrer Kinder, aber nicht jedes Kind in gleicher Weise. Denn kein Kind gleicht dem anderen, und jedes Kind braucht etwas anderes. Kinder selbst wollen in den Augen ihrer Eltern nicht gleich sein. Sie wollen unterschiedlich behandelt und unterschiedlich geliebt werden. Eltern können auch nicht unparteiisch sein. Wenn ein Kind vom großen Bruder über den Tisch gezogen wird, läuten sämtliche Alarmglocken, besonders wenn man als Kind etwas Ähnliches erlebt hat. Wer nicht gerade als Einzelkind aufgewachsen ist, wird bei Geschwisterstreitigkeiten oft die Rivalitäten, die Wut und den Schmerz aus der eigenen Kindheit noch einmal durchleben.

Es gibt auch immer wieder Zeiten, in denen Eltern und Kinder nicht so gut zusammenpassen. Das betrifft nicht nur die Pubertät. Schon wenn ein Kind phasenweise vor Vitalität überschäumt, können Eltern seine Wildheit als anstrengend und aggressiv erleben und sich innerlich mehr dem ruhigen größeren Bruder zuwenden. Glücklicherweise spielen Geschwister meistens abwechselnd die Rolle des schwarzen Schafs, und das eine Kind beendet eine schwierige Phase gerade dann, wenn sie beim anderen beginnt.

Mythos Nr. 4: Eltern sind selbstlos und aufopfernd. Das wäre natürlich praktisch, aber diese Idee haben Wirtschafts- und Familienpolitiker in die Welt gesetzt. Auch viele, gerade ältere Kinder glauben, dass Aufopferung, Selbstlosigkeit und unermüdliche Hilfsbereitschaft für Eltern die richtige Haltung sind. Für sich selbst nehmen Politiker ebenso wie Kinder lieber Abstand von diesen Idealen. Vor allem für Teenager scheinen sie nicht so attraktiv zu sein wie die Vorteile, die ein gesunder Egoismus mit sich bringt. Diese Einstellung sollten sich hin und wieder auch

Eltern zu Eigen machen. Denn «wer immer nur nach den anderen schaut, verliert sich selbst aus den Augen», wie der Dalai Lama sagt. Also, bitte kein schlechtes Gewissen, wenn man keine Lust mehr hat, bei jeder Kleinigkeit in die Bresche zu springen. Oder wenn man den dringenden und gesunden Wunsch verspürt, sich selbst und nicht seinem Kind etwas Gutes zu tun. Psychologen vermuten sicher nicht ganz zu Unrecht, dass sich hinter übertriebener Aufopferung in der Regel ein satter Egoismus verbirgt, wenn auch auf eine indirekte Art. Sie verpflichtet nämlich andere zu ewigem Dank. Das ist keine Grundlage für eine gute Beziehung, die immer auf einer ausgeglichenen Bilanz von Geben und Nehmen beruht. Es empfiehlt sich, zum Mythos Aufopferung den größtmöglichen Abstand zu wahren.

Mythos Nr. 5: Eltern sind geduldig und haben sich immer im Griff. Geduld ist zweifellos eine schätzenswerte Eigenschaft. Buddha hatte sicher Recht, wenn er sie als Vorteil für ein gesundes Leben empfahl. In der Bibel besitzt diese Eigenschaft allerdings nur Gott. Trotzdem wird Geduld Eltern in einem Maße abverlangt, das ihr Selbstwertgefühl untergraben kann. In der Realität reißt Eltern der Geduldsfaden erheblich öfter, als sie sich und anderen eingestehen. Sie drängeln und treiben ihr Kind an, sie kommandieren «du machst, was ich sage», statt zu erklären, was sie warum wollen. Und statt die Aktivitäten ihres Kindes mit nie erlahmender Aufmerksamkeit und freundlich interessierten Kommentaren zu verfolgen, sind sie genervt. Eigentlich würden sie lieber mit einem Buch und einem Campari in der Sonne sitzen. Das ist ziemlich normal, nur haben Eltern dabei ständig ein schlechtes Gewissen. Deshalb fallen auch die Mahnungen von Psychologen, ein Kontrollverlust habe die schlimmsten Auswirkungen, auf fruchtbaren Boden. Aber das ist Unsinn. Wenn sich Eltern gelegentlich (!) in einen Feuer speienden Vulkan verwandeln, so steht das keineswegs im Widerspruch zu der Liebe, Aufmerksamkeit und Wertschätzung, die sie ihrem Kind entgegenbringen. Schuldgefühle kann man sich sparen. Und das umso mehr, als Kinder gelegentlich Schuldgefühle geschickt zu nutzen wissen, um ihren Eltern zu entlocken, was sie vorher nicht rausrücken wollten.

Mythos Nr. 6: Eltern sind unersetzlich. Jede Beziehung zwischen Eltern und Kindern ist einzigartig, und der Verlust eines oder gar beider Elternteile eine Tragödie. Trotzdem sind Eltern nicht unersetzlich. Das würde ja bedeuten, dass ein verlassenes, verwaistes oder vernachlässigtes Kind nie mehr mütterliche oder väterliche Zuwendung erfahren kann. Tatsache ist, dass sich Verwandte, Paten, Adoptiv- oder Kinderdorfeltern hingebungs- und liebevoll um ihre Kinder kümmern, manchmal sogar besser als die leiblichen Eltern. Früher war es in so gut wie allen Kulturen üblich, dass sich vor allem die Großeltern oder andere Verwandte um die Kinder kümmerten, wenn die Eltern arbeiteten oder krank waren.

Es kann eine große Entlastung sein, sich bewusst zu machen, dass Mutter und Vater zumindest zeitweise zu ersetzen sind. Und nicht nur das. Kinder profitieren davon, wenn sie hin und wieder von anderen freundlichen und zuverlässigen Menschen betreut werden. Viele machen in dieser Zeit einen wichtigen Schritt nach vorn, werden selbständiger und selbstbewusster, auch weil sie erfahren, dass sie eine vorübergehende Trennung von den Eltern verkraften.

Mythos Nr. 7: Eltern wissen immer, was ihr Kind braucht. Eltern (auch Väter!) sind glücklicherweise mit einem natürlichen Grundprogramm ausgestattet, das dafür sorgt, dass die Verständigung klappt, zumindest in der Zeit, in der sich ein Baby noch nicht verbal mitteilen kann. Jedenfalls meistens. Trotzdem kommt der Tag, an dem Eltern feststellen, dass sie keine Ahnung haben, was ihr Kind, das sich gerade in einem Wutanfall über den Teppich rollt, eigentlich will. Oft weiß das Kind ja nicht einmal selbst, was ihm fehlt.

Auch beim besten Willen können Eltern nicht immer wissen, was in ihrem Kind vorgeht. Kinder sind keine Miniaturerwachsenen. Sie leben in einer völlig anderen Vorstellungs- und Fantasiewelt, die Erwachsenen nicht in allen Teilen zugänglich ist. Eltern können nicht Gedanken lesen, und das müssen sie auch nicht. Vielmehr müssen Kinder lernen, auszudrücken, was ihnen auf der Seele liegt, eines Tages vielleicht sogar ohne Wutanfall oder Tränen.

Eltern müssen die Bedürfnisse ihres Kindes weder erahnen noch umgehend erfüllen. Die «verzögerte Bedürfnisbefriedigung» ist eine der wichtigsten Erfahrungen, die Kinder machen sollen, sagen Verhaltensforscher. Viele Untersuchungen zeigen, dass Kinder, die warten und sich beherrschen können, emotional stabiler und auch erfolgreicher sind als Kinder, denen jeder Wunsch von den Augen abgelesen wird.

Mythos Nr. 8: Eltern lösen alle Probleme und zeigen keine Fehler und Schwächen. Kleinkinder fantasieren sich die Eltern überlebensgroß und allmächtig, weil sie es so brauchen. Wenn Kinder älter werden, erkennen sie allmählich, dass auch Eltern Schwächen und Fehler haben. Dieser Prozess kann schmerzhaft sein und dauert oft bis ins Erwachsenenleben. Es ist ein Zeichen großer Reife, wenn es eines Tages gelingt, die Eltern als fehlerhafte und unvollkommene Wesen zu akzeptieren und zu lieben. Wenn Eltern oder Kinder dagegen weiterhin Anspruch auf Vollkommenheit erheben, führt das zwangsläufig zu Enttäuschungen. Daher empfiehlt es sich für beide Seiten, Platz für neue Sichtweisen und Verständigungen zu schaffen. Soll das Kind ruhig ein bisschen tüfteln, bis es selbst die richtige Lösung für sein Problem gefunden hat. Eines Tages muss es Schwierigkeiten ohne Hilfe aus dem Weg räumen. Wie soll das gehen, wenn Eltern dauernd wie rettende Engel unter die Arme greifen? Und wie soll ein Kind sich selbst mit seinen weniger vollkommenen Seiten akzeptieren, wenn Eltern immer so tun, als wären sie perfekt?

Mythos Nr. 9: Eltern müssen ihr Kind immer verstehen. Damit ein Kind wachsen und gedeihen kann, braucht es verständnisvolle Eltern, die seine Beweggründe erkennen, angemessen reagieren und ihm das Gefühl geben: «So, wie ich bin, bin ich richtig. Ich darf sogar etwas falsch machen, ohne dass mir die Zuwendung und Unterstützung verlorengeht.»

Vor allem Babys sind auf das wortlose, instinktive Verständnis existenziell angewiesen. Sobald Kinder aber älter werden,

muss und kann man beim besten Willen nicht alles, was sie um-
treibt, verstehen und schon gar nicht damit einverstanden sein.
Kinder sind eigenständige Wesen, die oft recht eigenwillige Vorstellungen davon haben, was richtig und was falsch ist. Wenn
ein Fünfjähriger seine Eltern mit Füßen tritt, weil sie ihm kein
Eis kaufen, muss man das nicht verstehen. Auch nicht, wenn es
müde ist. Verständnis ist eine wunderbare Sache, aber Kinder,
die Regeln verletzen, die sich in Gefahr bringen oder Werte
missachten, die für ein friedliches und freundliches Miteinander unabdingbar sind, brauchen klare Grenzen, die Gelegenheit, über sich nachzudenken, und Unterstützung, um zu
erkennen, wie man es besser macht. So lernen sie, sich selbst zu
verstehen. Das ist mindestens so wichtig wie verständnisvolle
Eltern.

Mythos Nr. 10: Eltern tun einem Kind niemals weh. Meinem
Kind Schmerzen zufügen? Für Eltern ist das eine ungeheure
Vorstellung. Manche fühlen sich schon elend, wenn sie ihr Kind
festhalten müssen, damit ihm ein Arzt eine Spritze geben kann.
Andere lassen ihr Kind tagelang im Unklaren, weil sie es nicht
übers Herz bringen, ihm zu sagen, dass sein Meerschweinchen
gestorben ist. Oder sie besorgen gleich ein neues. Für viele Eltern sind Kummer und Schmerz ihres Kindes schlimmer, als
wenn ihnen selbst etwas weh tut. Doch selbst die einfühlsam-
sten Eltern können einem Kind nicht jeden Schmerz und jede
Enttäuschung ersparen. Man macht unabsichtlich eine verlet-
zende Bemerkung, zerrt sein Kind unsanft über die Straße oder
mutet ihm auf einer Wanderung zu, weiterzulaufen, obwohl es
Blasen an den Füßen hat. Man muss Kinder nicht in Watte packen. Aber es kommt darauf an, ihnen in schwierigen Situationen nahe zu bleiben. Auch im Schmerz findet ein wichtiger In-
dividualisierungs- und Reifeprozess statt. Damit dieser gelingt,
brauchen Kinder starke Eltern, die darauf vertrauen, dass sie
den Schmerz aushalten können, und zuversichtlich sind, dass
es bald wieder gut oder zumindest besser wird.

2 Sein Kind lieben, wie es ist – was heißt das?

Kinder sind bekanntlich keine Engel. Sie sind stur, impulsiv und gedankenlos. Sie lügen, stehlen und hauen andere Kinder. Sie enttäuschen ihre Eltern und sind undankbar. Nur ein Zen-Meister auf der höchsten Stufe der Erleuchtung wird dabei nichts anderes als grenzenlose Liebe, Offenheit und Güte empfinden.

Das wissen auch Psychologen. Sie empfehlen daher, nicht das Kind, sondern sein Verhalten zu bewerten, nicht zu denken (oder gar zu sagen): «Ich mag mein Kind nicht», sondern: «Ich mag nicht, wie sich mein Kind benimmt.» In Momenten, in denen man sehr aufgebracht ist, liebt man sein Kind auch nicht so sehr – ein Gefühl überlagert oft das andere. Doch Gefühle sind nichts Statisches. Lieben ist deshalb immer wieder möglich. Wenn man sich das bewusst macht, kommen die Gefühle in Fluss, und die Angst, man sei unfähig, sein Kind zu lieben, löst sich in Luft auf.

Wenn sich Eltern ihre mitunter ambivalenten Gefühle eingestehen, können sie besser erkennen, was zwischen ihrem Kind und ihnen selbst abläuft und was es braucht. Werden negative Gefühle dagegen tabuisiert, verdrängt oder verleugnet, haben sie die unangenehme Eigenschaft, an anderer Stelle aufzubrechen. Das zeigt sich in Überreaktionen auf eigentlich harmlose Ausrutscher, an einer unterschwellig feindseligen und überkritischen Haltung, mit der nur noch Fehler und Defizite gesehen werden.

Kinder wollen gar nicht die ganze Zeit nur geliebt werden, sie wollen, dass man sie sieht, dass man sich mit ihnen beschäftigt und ansonsten die Macken ihrer kleinen Persönlichkeit aushält. Mit Humor und freundlicher Nachsicht und durchaus auch mal mit einem «Geh mir kurz aus dem Weg, bevor ich platze.»

Alle Gefühle, auch die unaussprechlichen, sind normal und natürlich. Und wenn man die weniger guten mit den guten Gefühlen verbindet, wird dieses einzigartige Band geknüpft, das bekanntlich allen Stürmen standhält.

Was heißt Erziehung nach dem Stärkemodell? 3

Zunächst einmal: unbeirrbar zuversichtlich sein, bei allem, was ein Kind betrifft. Kinder sind widerstandsfähiger, belastbarer und lernfähiger, wenn zumindest ein Mensch in ihrer Umgebung fest an sie glaubt. Dann bewältigen sie sogar schwere Krisen.

Anders die Erziehung nach dem Defizitmodell: Schaut man ständig darauf, was ein Kind (noch) nicht kann, welche Fehler es macht und welche Schwierigkeiten es hat, untergräbt man die Entwicklung eines positiven Selbstbildes. Typisch für eine solche Erziehung ist auch das Überbehüten und Bevormunden.

Entwicklungspsychologen empfehlen positiv und zuversichtlich formulierte Kritik und die Konzentration darauf, was ein Kind schon kann. Wenn man Erfolge analysiert, bekommen Kinder ein Gespür und eine bessere Wahrnehmung der eigenen Leistungsfähigkeit. Werden überwiegend Niederlagen und Misserfolge diskutiert, können sich Kinder über Erfolge nicht mehr freuen oder schreiben diese dem Zufall oder Glück zu. Auf Dauer werden sie immer unsicherer und entwickeln eine pessimistische Weltsicht.

Erziehung nach dem Stärkemodell setzt auf Selbsttun. Die stärkste Motivation ist Autonomie. Die Frage ist also nicht, ‹Wie motiviere ich mein Kind?›, sondern: ‹Wie kann ich Umstände und Situationen herstellen, in denen mein Kind seinen angeborenen Drang, die Dinge selbst in die Hand zu nehmen, ausleben kann, um sich selbst zu motivieren?›.

Erziehung nach dem Stärkemodell setzt auf einen demokratischen Umgang mit Kindern. Eltern hören sich deren Meinung nicht nur an, sondern nehmen sie ernst. Sie beziehen ihr Kind aktiv in Entscheidungsprozesse ein. Statt mit Verboten zu arbeiten, erklären sie, warum sie etwas ablehnen. Gleichzeitig äußern sie ihre Erwartungen konsequenter und eindeutiger.

Müssen Eltern immer einer Meinung sein?

Es soll Eltern geben, die in allen Erziehungsfragen übereinstimmen. Bei den meisten ist das nicht der Fall, und das ist ganz gut so. Trotzdem macht es die Sache nicht gerade einfach. Viele Eltern spielen nämlich «Good Cop, Bad Cop», wobei in der Regel der Elternteil den Good Cop gibt, der weniger Zeit mit dem Kind verbringt und sich verständlicherweise die wertvollen gemeinsamen Stunden nicht durch unpopuläre Erziehungsmaßnahmen verderben möchte.

Oft herrscht zwar in Grundsatzfragen Einigkeit (kein Klaps, kein Teller-leeressen-müssen), aber bei anderen Fragen stößt die Teambereitschaft an Grenzen. Das zeigt sich dann in Reaktionen wie «Ich habe für heute die Nase voll, rede du mit deinem Kind», was eine nicht sehr fantasievolle Variante der Drohung ist: «Warte nur, bis Papa/Mama nach Hause kommt.»

Ein gewisses Maß an Meinungsverschiedenheiten zwischen Eltern ist ganz normal. Problematisch wird es, wenn Differenzen die Beziehung berühren, wenn man den Partner beispielsweise für ein schlechtes Vorbild in Sachen Manieren oder Respekt hält. Es mag verführerisch sein, sich auf die Seite des Kindes zu schlagen, nach dem Muster: «Was Mama/Papa sagt, musst du nicht so ernst nehmen.» Doch solche Allianzen belasten beides, die Partnerschaft und die Eltern-Kind-Beziehung. Mit einer kumpelhaften Haltung untergräbt man nicht nur die Autorität des anderen Elternteils, sondern auch die eigene.

Wenn zwei Menschen Eltern werden, müssen sie im Lauf der Jahre viel mit- und voneinander lernen, um das Gemeinschaftsprojekt Erziehung hinzukriegen. Dafür sollte man wissen, was dem Partner in der Erziehung am Wichtigsten ist. Man kann zum Beispiel getrennt voneinander eine Liste erstellen, beide vergleichen und eine dritte Liste machen mit den Punkten, in denen man übereinstimmt. Über die anderen Fragen muss man sich verständigen, vielleicht auch mit Hilfe eines Menschen, dem beide Elternteile vertrauen.

Übereinstimmung empfiehlt sich bei Fragen, die den Familienalltag regeln: Wann wird gemeinsam gegessen? Wann sind die Schlafenszeiten? Werden die Schulaufgaben vor oder nach dem Spielen gemacht?

So wichtig es ist, gemeinsame Entscheidungen zu treffen, so

wichtig ist es auch, zu akzeptieren, dass der Partner manches eben anders macht oder sieht. Je enger der Austausch ist, desto eher finden Eltern eine gemeinsame Strategie. Eine strikte Arbeitsteilung, etwa «Mama ist für Schulaufgaben, Papa für die Gutenachtgeschichte zuständig», führt dagegen zu einer ungleichen Verteilung von Verantwortung und zu erheblichen Frustrationen, wenn sich herausstellt, dass sich ein Kind in dem Bereich querstellt, für den man zuständig ist. Außerdem gibt es Probleme, wenn ein Elternteil nicht da ist.

Wichtig: Grundsätzlich sollte ein Kind, das mit einem Elternteil etwas aushandelt, das auch mit diesem zu Ende bringen. Doch wenn eine Meinungsverschiedenheit aus dem Ruder läuft, kann der andere dafür sorgen, dass die Sache vorankommt und sagen: «Sprich bitte normal und regle das mit deinem Vater!» Dem anderen den Rücken zu stärken heißt allerdings nicht, Partei zu ergreifen.

Kommt es in Erziehungsfragen immer wieder zu Grundsatzdebatten, weil ein Kind Probleme macht, müssen Eltern in sich gehen. Gut möglich, dass man dann keine Erziehungs-, sondern eine Paarberatung braucht.

Sollen Kinder überall mitreden? 5

Es soll Menschen geben, sogar Eltern, die nicht jede Äußerung aus Kindermund für eine Offenbarung halten, die sich nichts sehnlicher wünschen, als dass Kinder hin und wieder still sind. Das meint selbstverständlich nicht, dass Kinder grundsätzlich in Gegenwart von Erwachsenen den Mund halten sollten! Es ist großartig, wenn sie neugierig sind, viele Fragen stellen, sich frei und ohne Angst äußern, weil Kinder mitunter Überraschendes und Wahres zu Tage fördern, weil sie unschuldig und frei von Zynismus sind und manchmal ganz naiv an das Gute glauben. Das ist wunderbar und anrührend. Aber müssen sie deshalb überall ihren Senf dazugeben?

Es ist richtig, dass Kinder da mitreden, wo sie mitreden können. Zum Beispiel, wenn es darum geht, was man dem Freund zum Geburtstag schenkt, wie man das Kinderzimmer einrichtet oder ein Familienfest gestaltet. Daneben gibt es aber Themen, von denen sie keine Ahnung haben, die sie auch gar nicht wirklich interessieren und außerdem schlicht überfordern. «Vielleicht kann man ein kleines Kind wie mich mal in Ruhe lassen», stöhnt der sechsjährige Lars entnervt, dessen Eltern ihn unaufhörlich mit Fragen bedrängen, wie: was er denn davon halte, dass Mama und Papa beabsichtigen, von Prenzlauer Berg nach Köpenick zu ziehen. Recht hat er.

Mit solcher Partizipation, wie es im Soziologendeutsch heißt, ist ja die Hoffnung verbunden, dass sich Kinder eines Tages zu politisch und sozial verantwortlichen Erwachsenen entwickeln. Diese Rechnung geht aber leider nicht auf. Bei einer Erhebung des deutschen Jugendinstituts DJI gaben zwei Drittel der Kinder an, dass sie häufig oder sehr häufig nach ihrer Meinung gefragt werden, bevor ihre Mutter Dinge entscheidet, die sie betreffen. 52 Prozent der Kinder im Alter von neun bis zehn Jahren können selbständig entscheiden, was sie anziehen, 64 Prozent, wofür sie ihr Taschengeld ausgeben, und fast 40 Prozent, was sie mit dem Computer machen. Die Erhebung konnte jedoch nicht nachweisen, dass Kinder, die bereits in der Familie in Aushandlungsprozesse eingebunden sind, sich auch später politisch stärker engagieren.

Dass sich die Familie weg vom Befehls- und hin zum Verhandlungshaushalt bewegt hat, ist uneingeschränkt zu begrüßen. Darüber sollte man jedoch nicht vergessen, dass Kinder keine kleinen Erwachsenen sind. Dass sie Räume brauchen, zeitliche und wirkliche, wo sie Kinder sein dürfen, statt sich den Kopf über ökologische, soziale und politische Fragen zu zerbrechen, die auch viele Erwachsene überfordern.

6 Darf man mit Tricks arbeiten?

Manchmal müssen Eltern tricksen, um eine Erziehungslinie durchzuziehen, keine Frage. Tricksen ist erlaubt, wenn man diese Spielregeln einhält:

* Zu Tricks nur in Ausnahmefällen greifen, wenn nichts anderes mehr geht.
* Nicht jeder Trick ist für jedes Kind und jedes Alter geeignet.
* Ein guter Trick ist glaubhaft und hat, wenn überhaupt, nur geringe Nebenwirkungen.
* Kommt einem das Kind auf die Schliche, soll es sich nicht beschämt fühlen, sondern lachen können.
* Tricks haben eine begrenzte Haltbarkeit.
* Tricks sind keine Lösung bei Verhaltensstörungen.

Und jetzt ein paar der besten Tricks in alphabetischer Reihenfolge:

A wie Alternative   Bei den Drei- bis Siebenjährigen resultieren viele Konflikte aus dem Umstand, dass Eltern immer die «Bestimmer» sein wollen. Das lässt sich nicht ganz vermeiden. Aber man kann eine Alternative anbieten, und zwar eine, die im Prinzip aufs Gleiche hinausläuft. Wenn man mit seinem Kind an die frische Luft will, kann man fragen: «Wollen wir mit dem Hund Gassi gehen oder auf den Spielplatz?»

B wie «Bring's Papa bei» (oder Mama oder Oma)   Dieser Trick bewährt sich insbesondere bei Schulproblemen. So funktioniert's: Wenn ein Kind beispielsweise Schwierigkeiten mit der Rechtschreibung hat, gibt es Vater, Mutter, Oma ein Diktat und korrigiert deren Fehler (die man geschickt da eingebaut hat, wo es Probleme gibt). Ihr Kind bringt Ihnen bei, was es lernen soll. Hört sich kompliziert an? Ist aber ganz einfach.

D wie Deal   Erfolgreiche Unterhändler wissen, dass man umso mehr Spielraum hat, je weiter das erste Angebot vom eigentlichen Ziel entfernt ist. Das Kind will zehn Freunde zum Geburtstag einladen, die Schmerzgrenze der Eltern liegt bei acht. Dann schlägt man fünf vor. Das Kind wird ganz zufrieden sein, wenn es einen auf acht hochhandelt.

F wie Fernsehen   Wenn die Fernsehgewohnheiten drohen, aus den Fugen zu geraten, stellt man den Apparat in eine ungemütliche Ecke. Statt kuscheligem Sofa gibt es einen umgedrehten Getränkekasten oder Stehplätze. Das klappt. Sogar die Eltern kommen wieder zum Lesen.

H wie Höhere Macht   Das Kind, obwohl drei, kann abends immer noch nicht auf die Nuckelflasche verzichten. Der Zahnarzt runzelt schon bedenklich die Stirn. Hier könnte man erzählen, dass die Regierung allen großen Flaschenkindern ein Bilderbuch schenkt, dafür aber die Flaschen einsammelt, weil die jetzt für sehr kleine Kinder gebraucht werden. Das wird so bestimmt, Eltern sind da völlig machtlos.

S wie Sandwich-Methode   Dieser Trick stammt von Ruth Cohn, einer amerikanischen Kommunikationswissenschaftlerin und Psychologin. Dabei verpackt man eine unangenehme Nachricht nach der «Sandwich-Methode»: Erst eine gute, dann die schlechte, dann wieder eine gute Nachricht. «Dein Aufsatz ist wirklich sehr lustig. Nur sind leider viele Rechtschreibfehler drin. Du musst ihn noch mal abschreiben. Das ist ärgerlich, aber du hast eine sehr schöne Schrift.»

Ü wie Überraschungseffekt   In vielen Alltagssituationen reagieren Eltern wie ein Pawlowscher Hund. Das wissen Kinder, und deshalb hören sie nicht mehr zu. Der Trick ist, sich beim nächsten Mal völlig anders als erwartet zu verhalten. Kommt das Kind wieder zu spät, schimpft man nicht, sondern sagt: «Es muss sehr lustig gewesen sein, deshalb hast du wohl die Zeit vergessen.» Die Chance, dass es das nächste Mal pünktlich ist, steigt dadurch erheblich. Es wird auch mehr Lust haben, seinen Eltern zu erzählen, was los war und warum es den Bus verpasst hat. Und dann kann man gemeinsam überlegen, wie das Kind in Zukunft rechtzeitig aufbricht.

Z wie Zuspruch   Kinder müssen sehr oft hören, dass sie liebenswert, wichtig, klug sind, auch und gerade dann, wenn dies und das noch nicht so gut klappt. Sozusagen auf Vorrat. Besonders wirksam ist Zuspruch vor Menschen, die einem Kind wichtig sind: vor Omas, Opas oder Freunden. Man glaubt gar nicht, wie schnell sich faule Grillen in fleißige Bienchen verwandeln, wenn man verkündet: «Carlo deckt den Tisch. Der kann das am besten.»

Familienoberhaupt oder Kumpel – welche Rolle spielt der Vater?   **7**

Wohin man schaut, sieht man heute neue Väter: Mit Baby im Tragetuch holen sie morgens um sieben frische Brötchen. An der Supermarktkasse jonglieren sie mit zwei Kleinkindern im Schlepptau gekonnt ihre Einkäufe. Sie backen Pfannkuchen und suchen die passenden Socken zusammen. Sie schmusen und trösten, füttern und wickeln – lebende Beweise, dass ein Vater genauso gut bemuttern kann wie, nun ja, eine Mutter. Das ist nichts Neues. Die Brutpflege war zu keinem Zeitpunkt eine ausschließlich weibliche Angelegenheit. Schon vor über 200 Millionen Jahren kümmerte sich nicht die Dino-Mama, sondern der Dino-Papa um den Nachwuchs.

Auch wenn die Kinder älter werden, machen Väter mehr oder weniger das Gleiche wie Mütter. Sie bringen die Kinder in den Kindergarten, in die Schule und zum Kieferorthopäden, hören sich geduldig die langatmige Schilderung einer Löwenzahn-Sendung an, messen Fieber und braten Fischstäbchen.

Ist Papa also eigentlich dasselbe wie Mama? Nein. Ein Vater ist keine Mutter. Ein Vater hat ein anderes Verhältnis zu seinem Kind, das ist nun mal so. Alleinerziehende Mütter (und Väter) wissen das nur zu gut, weil sie oft beide Rollen übernehmen müssen.

Väter erziehen nicht besser oder schlechter, nur anders. Was das andere ist? Das ist sogar für Wissenschaftler schwer zu fassen. Deshalb hier meine Wahrnehmung – ohne Anspruch auf Allgemeingültigkeit!

Väter sind emotional anders gestrickt. Mütter fühlen sich ein, Väter zeigen Mitgefühl. Oft eignen sie sich besser dazu, Kinder zu Impfungen und Prüfungen zu begleiten.

Väter tun andere Dinge als Mütter. Sie spielen rauere und lautere Spiele. Sie sind nicht so schnell bereit, jedes kleine Wehwehchen zu beklagen. Sie geben nicht «einfach so» nach oder verlieren beim Mau-Mau, um ihr Kind bei Laune zu halten. Dafür lachen sie gern und viel, gelegentlich auch über die Mutter.

Sie machen auch sehr gern Unsinn, um ihr Kind zum Lachen zu bringen, nicht zuletzt über sich selbst.

Väter können gut erklären. Klar, direkt, schnörkellos. Wie man einen wackligen Stuhl leimt, die Zähne putzt, sich bei einem Freund entschuldigt. Sie lassen Emotionen außen vor und konzentrieren sich darauf, «technische» Handgriffe zu vermitteln, ob es sich nun um Fußball, Liebeskummer oder das Einräumen der Spülmaschine dreht. Mütter können das selbstverständlich auch. Aber es hat eine andere Note, wenn ein Vater seinem Kind solche Dinge näher bringt, und auf diese Note kommt es an.

Väter sind konsequent. Das ist nicht nur ein großes Plus bei der Einhaltung von Haushaltspflichten, sondern auch bei schulischen, sportlichen und anderen Angelegenheiten. Väterliche Abmachungen werden in aller Regel sehr ernst genommen. Bei Müttern gibt es oft noch ein Hintertürchen.

Väter sind engagiert, wenn es darum geht, «erwachsenes» Verhalten zu fördern, einzufordern und zu belohnen. Sie denken nicht so häufig, ‹dafür ist mein Kind noch zu klein›, sondern eher, ‹das soll es ruhig mal ausprobieren›.

Väter erwarten für ihre Dienste eine gewisse Gegenleistung. Wenn's sein muss, fordern sie diese sogar ein. Insgesamt scheint das Verhältnis von Geben und Nehmen bei Vätern und ihren Kindern ausgewogener zu sein als bei Müttern. Irgendwie sind Väter vielleicht doch eine Art Vorhut zur Welt außerhalb der familiären Kuschelzone.

Kuschelzone? Da ist es wieder, das Klischee vom Vater, der die raue Wirklichkeit repräsentiert, während die Mutter das heimische Bullerbü hegt und pflegt. Und wie an jedem Klischee ist etwas dran. Eins steht jedenfalls fest: Ein Vater ist kein Mutter-Duplikat.

Papa sollte daher besser Mama nicht nachahmen. Man kann ein fürsorglicher Vater sein, auch wenn man keine Windeln wechselt, sich beim Barbiespielen entsetzlich langweilt und viel lieber Fußball schaut, als mit einem aufsässigen Teenager über die Unordnung in seinem Zimmer zu diskutieren.

Auch das Modell «Mama ist zuständig, Papa hilft aus» ist überholt. Damit der «eigenständige Vater», wie ihn sich der amerikanische Erziehungsexperte Ron Taffel wünscht, eine Chance hat, müssen Mütter von ihrem Einfluss abgeben und Verantwortung teilen. Unabhängig davon, ob Eltern zusammen oder getrennt leben.

Zickenkrieg unter Müttern – warum eigentlich?

«Dir muss ja langweilig sein», sagt Mutter A, als sich Mutter B beim ersten Elternabend im Kindergarten meldet, um das Kuchenbüffet fürs Frühlingsfest zu organisieren.

«Meinst du nicht, wir sollten noch ein Jahr warten, bis wir die beiden zusammenbringen? Meine Lena ist einfach ein ganzes Stück weiter als deine Mia», flötet die Nachbarin.

Warum können Mütter so herablassend und überkritisch sein? Warum müssen sie ständig beweisen, dass sie die besseren Mütter sind?

Rivalität, Konkurrenz und Aggression unter Müttern sind Tabuthemen, sagt die Frauenforscherin Phyllis Chesler, die sich mit dem Phänomen befasst, das man salopp als Stutenbissigkeit oder Zickenkrieg bezeichnet. «Aggressivität ist bei Frauen und erst recht bei Müttern nicht vorgesehen. Mütter sind lieb, verständnisvoll, nett. Nicht wütend, neidisch, eifersüchtig.»

Doch, sind sie. Damit das nicht auffällt verlegen sich Frauen schon sehr früh auf Spielarten der indirekten Aggression: abschätzige Blicke, Gerüchte, Verleumdungen und Ausgrenzung. Anders als Jungen, die ihre Position in der Gruppe offensiv und lautstark ausfechten, definieren sich Mädchen nach dem Grad der Akzeptanz und Zugehörigkeit zur Gruppe. Die Sehnsucht nach Nähe, gepaart mit Misstrauen und Angst vor Ausgrenzung, bewirkt einen enormen Anpassungsdruck – und reicht bis ins Erwachsenenalter. Viele Mütter haben ein großes Bedürfnis, einen Bund mit Seelenverwandten einzugehen, die stillschweigend oder ausdrücklich das eigene Verhalten billigen.

Aber wehe, man schert aus! Da genügen schon Kleinigkeiten, um schief angesehen zu werden: die Bemerkung, dass man nichts von Homöopathie hält, oder von Montessori-Erziehung. Wenig Spaß verstehen Mütter auch, wenn man mit einem besonders beliebten oder begabten Kind «auffällt» – oder Karriere macht, obwohl man drei Kinder, aber keinen Mann hat.

Rivalitätsdenken und Feindseligkeiten sind umso ausgeprägter, je schwächer das Selbstwertgefühl und je geringer das Vertrauen in die eigenen Fähigkeiten ist, meint die amerikanische Psychologin Gloria Cowan, die über 200 Mütter für eine Studie über weibliche Feindseligkeiten befragt hat.

Je unsicherer eine Mutter bei der Erziehung ihres Kindes ist, desto weniger wohl ist ihr bei der Vorstellung, dass es viele Wege gibt, ein Kind ins Leben zu begleiten. Und je perfekter eine Mutter sein will, desto mehr Schuldgefühle, Selbstzweifel und Probleme handelt sie sich ein.

Schiefe Blicke, Lästereien, das diffuse Gefühl, nicht dazuzugehören, tun weh. Und sie sind fatal, weil Mütter und Kinder auf die Gemeinschaft mit anderen Müttern und Kindern angewiesen sind. Ja, Mütter sind verschieden, und diese Verschiedenheit macht ihre gemeinsame Stärke aus. Deshalb sind erwachsene Solidarität, Verständnis und Zuwendung besser als Kritteleien und kindischer Klatsch.

9 Gelten in Patchworkfamilien besondere Regeln?

Schätzungsweise jedes vierte Kind in Deutschland lebt dauerhaft oder zeitweise in einer Patchworkfamilie. Viele Studien zeigen: Es ist ein langer Weg, bis der Traum von der heilen Patchwork-Welt Realität wird. Schließlich wollen nicht nur Stiefmutter/-vater (netter klingt Bonusmutter/-vater) und Kind gut miteinander auskommen, sondern auch Ex-Partner, neue und alte Verwandte, Paten, Freunde. Man hat mit Verletzungen, unterdrücktem Kummer, offener Wut, unklaren Übereinkünften und Machtkämpfen zu tun, die leider nicht selten in ein zermürbendes emotionales Tauziehen um die Aufmerksamkeit

und Zuneigung des Kindes münden – Partner/Partnerin auf der
einen Seite und Vater/Mutter auf der anderen. Bis ein verträgli-
ches Miteinander gelingt, dauert es im Schnitt drei Jahre, und am
Ende bleiben es immer noch zwei Familien – nicht eine. Wer mit
realistischen Erwartungen an die Sache herangeht, ist nicht nur
vor Enttäuschungen gefeit, er hat auch gute Chancen, dass die
Patchwork-Familie zu einer bereichernden Erfahrung wird, in
der es gelingt, gute, oft auch sehr gute Beziehungen aufzubauen.

Ein Anfang ist gemacht, wenn es gelingt diese «Fallen» zu
umschiffen:

«Bei uns kannst du machen, was du willst!» Natürlich darf man
manche Dinge erst mal etwas lockerer angehen, zum Beispiel
die Sache mit den schmutzigen Socken im Wohnzimmer. Kinder sollen sich in ihrem neuen (Zweit-)Zuhause schließlich
wohlfühlen. Trotzdem zahlt es sich aus, wenn man gleich zu
Anfang deutlich macht, dass es auch in der neuen Familie Regeln gibt. Falls es sich um Neuerungen handelt, erklärt man
kurz: «Hier zieht jeder die Schuhe an der Tür aus.» (Formulierungen wie «bei uns ist das so...» vermeidet man besser.) Unterschiedliche Auffassungen hinsichtlich Ordnung, Sauberkeit,
Essmanieren diskutiert nach Möglichkeit der leibliche Elternteil. Falls er nicht da ist oder kneift, erklärt man kurz und
freundlich die Basics: «Morgens lüften, Bett machen, das ist alles.» Für die Benutzung der gemeinschaftlichen Räume kann
man einen Plan aufhängen. Wichtig ist dabei, positive Formulierungen zu benutzen, keine Verbote, z.B. «Sofakissen aufs
Sofa», «Pizzareste in den Müll».

Regelungen zwischen Kind und leiblicher Mutter/Vater sollten nach Möglichkeit eingehalten werden. Wünscht Mutter/Va-
ter kein Fernsehen und keine Süßigkeiten, dann gibt es das auch
nicht.

*«Lass uns mal einen drauf machen. Wir werden bestimmt gute Freun-
de!»* Auch wenn die neue Partnerin oder der neue Partner jün-
ger ist als die/der Ex und altersmäßig nah am Kind: in dessen
Augen ist sie/er erwachsen und gehört auf die Elternseite.
Freunde suchen sich Kinder normalerweise unter ihresglei-

chen, nicht unter Erwachsenen. Teenager könnten auf die Idee kommen, eine coole Beziehung vorzugaukeln, um sich Vorteile zu ergaunern. Auch deshalb ist es ratsam, als reife, vernünftige Person aufzutreten, die ernst genommen werden kann.

«Ich mach das schon, du bekommst...»   Es gibt keinen Grund, ein Kind für die Trennung seiner Eltern zu entschädigen. Das macht seinen Schmerz nicht geringer. Vielmehr schafft man damit gleich neue Probleme. Die meisten Kinder reagieren äußerst kratzbürstig, wenn man versucht, netter, hilfsbereiter, großzügiger zu sein als das Original.

«Warum machst du so ein Gesicht?»   Kinder dürfen ein Gesicht machen und traurig sein, weil sie trauern. Auch bei einvernehmlichen Trennungen haben Kinder das Gefühl, ihnen sei der Boden unter den Füßen weggezogen worden. Oft trauern und grollen sie in Gegenwart des neuen Elternteils besonders, weil sie hier den Verantwortlichen für ihren Kummer ausmachen. Das heißt jedoch nicht, dass man jede Laune ertragen muss. Hier ist der leibliche Elternteil gefragt. Wenn er zuhört und tröstet, bessert sich die Stimmung erfahrungsgemäß rasch.

«Dein Vater/deine Mutter und ich gehen immer...»   Was auch immer man in den Zeiten unternimmt, wo das Kind nicht da ist – das ist kein geeignetes Gesprächsthema. Wer einem Kind das positive Bild einer liebe- und respektvollen Partnerschaft vermitteln möchte, verhält sich am besten wie ein liebe- und respektvolles Paar.

«Hat dir das deine Mutter/dein Vater beigebracht?»   Wer schlecht über die leiblichen Eltern redet oder sie kritisiert, hat schon verloren. Es ist für alle Beteiligten äußerst belastend, wenn die Konflikte immer weitergetragen werden.

«Habt ihr das bei deiner Mama/deinem Papa immer so gemacht?»   Familiensitten und -gebräuche, mögen sie noch so seltsam anmuten, sind in einer Trennungssituation ein wichtiger Halt. Wenn man fragt, wozu Gummibänder gesammelt werden oder was um alles in der Welt die Mayo auf dem Hamburger soll, fühlen sich Kinder angegriffen. Wahrscheinlich nicht ganz zu Unrecht vermuten sie hinter der Frage weniger

echtes Interesse als vielmehr Kritik an einer (vermeintlichen) Unsitte. Falls es sich nicht um eine wirklich schlechte Angewohnheit handelt, sollte man die Sache mit Humor nehmen und darüber hinwegschauen.

Was ist Quality Time? 10

Vor ziemlich genau 40 Jahren wurde die Quality-Time erfunden. Die Idee dahinter ist: Es kommt nicht auf die Menge der Zeit an, sondern darauf, wie man sie nutzt. Da ist etwas dran. Wenn beide Eltern berufstätig sind, kann Quality Time unter der Woche die Rettung sein. Hier schon mal eine Idee: Die ersten 20 Minuten nach dem Nachhausekommen gehören ausschließlich der Familie. Bevor Mikrowelle und Fernseher angeworfen und Job und Schule abgefragt werden, heißt es Kuscheln, Lachen, Erzählen.

Jetzt kommt das Aber: Selbst mit bestem Willen und perfekter Planung und Organisation lässt sich das Familienleben nicht so effizient gestalten wie ein Softwareunternehmen. Quality Time ist ein Erwachsenen-Konstrukt und nur sehr bedingt kompatibel mit den Bedürfnissen und dem Zeitverständnis von Kindern. Kinderzeit ist anders und vor allem langsamer als Erwachsenenzeit, die schnell und effektiv ist und immer sinnvoll genutzt werden will. Das bedeutet, Kinderzeit darf nicht ohne Not immer aufgeschoben werden. «Später habe ich Zeit», «morgen bestimmt». Wenn man Gefahr läuft, in dieses Mühlrad zu geraten, kann man sich vielleicht einmal fragen: Was ist, wenn es kein Morgen gibt?

Eine geballte Quality-Stunde mit Superprogramm ist kein Alibi für ein schlechtes Elterngewissen. Kinder brauchen Sonntage im Schlafanzug, die gemeinsam mit Pfannkuchen essen, Uno spielen und einer lustigen Serie auf dem Familiensofa vertrödelt werden. Sie brauchen auch die stille Anwesenheit eines Elternteils, wenn sie lesen, Schulaufgaben oder Bastelarbeiten machen. Sie brauchen Eltern, die spontan Zeit haben, eine umständliche Inszenierung mit Kochtopfgetrommel im Kinder-

zimmer zu verfolgen und dafür auf einen «richtigen» Theater-
abend oder Kinobesuch verzichten.

Vor drei Jahren hat die amerikanische Filmemacherin Tiffany
Shlain, Mutter von zwei Kindern im Alter von acht und sechs Jahren, den «National Day of Unplugging» initiiert. Freitags von Sonnenuntergang bis Sonnenuntergang am Samstag kein Handy,
E-Mail, Skype und Twitter, und das Festnetz nur für Notfälle. Be-
suche sind willkommen, aber keine häuslichen Reparatur- und
sonstigen Arbeiten. 24 Stunden ohne Termine, ohne festes Pro-
gramm und ohne innere Stimme, die mahnt: ‹Eigentlich musst
du aber...› Dafür Zeit zum gemeinsamen Essen und Spielen,
zum Zuhören, Erzählen, Trösten, zum Herumalbern und Kuscheln. Eine Idee, der man sich anschließen kann: cultureun-
plugged.com. Der größte Feind des Familienlebens ist nämlich
nicht der Streit, sondern das genervte, gehetzte Nebeneinander.

11 Tagesmutter, Au-pair, Babysitter oder Leihoma – wer betreut mein Kind?

Grundsätzlich gilt: Wem auch immer man sein Kind anvertraut, der braucht eine große Portion gesunden Menschenver-
stand, gute Nerven und ausreichend Fantasie. Dann wird sie
(oder er) auch das Kind daran hindern, mit einem Bonbon im
Mund oder einem Seil ins Bett zu gehen, obwohl das nicht auf
der Liste der Verbote steht.

Die Tagesmutter ist insbesondere für Kinder unter drei Jahren geeignet, weil sie eine individuelle Betreuung bietet. Im
Prinzip kann jede Frau, die die Schulungsstunden des Jugend-
amtes absolviert hat, Tagesmutter werden (es gibt auch Ta-
gesväter). Daher muss man in einem persönlichen Gespräch
klären, ob sie wirklich für die Kinderbetreuung geeignet ist. Beschreibt sie ganz normale Unternehmungen für den Alltag mit
Kindern, ist das ein gutes Zeichen. Macht sie hingegen große
Versprechungen, darf man misstrauisch werden. In keinem Fall
reicht es, dass die Tagesmutter erklärt, sie sei gern mit Kindern
zusammen. Es braucht große emotionale Belastbarkeit, profes-

sionelles Training und Erfahrung, um jedem Kind gerecht zu werden, wenn eines etwas kaputtmacht, während ein anderes die Hose voll hat und sich zwei weitere Kleinkinder in die Haare kriegen.

Wichtig zu wissen ist auch, ob die Kinder im Wohnzimmer oder in einem Extraraum betreut werden und was sonst noch in der Wohnung passiert. Gibt es eigene größere Kinder, die betreut werden müssen, ist der Mann krank oder arbeitslos und die ganze Zeit zu Hause? Manche Tagesmütter schließen sich zusammen, so dass eine Art Minikindergarten entsteht. Das ist eine gute Sache, weil Kinder dann auf unterschiedliche Charaktere mit unterschiedlichen Kompetenzen, Neigungen und Gewohnheiten treffen. Außerdem hat man so die Gewähr, dass es im Krankheitsfall eine Vertretung gibt.

Ein Au-pair   ist eine Art Gasttochter, keine kostengünstige Nanny und Putzhilfe. Sie gehört mit zur Familie und sollte auch so behandelt werden. Oft ist sie zum ersten Mal von zu Hause weg; auch deshalb ist es wichtig, dass sie sich in der Gastfamilie wohlfühlt. Ein Au-pair hilft maximal sechs Stunden pro Tag und maximal insgesamt 30 Stunden pro Woche bei der Kinderbetreuung und im Haushalt. Vier Abende und einen Tag in der Woche sind frei, um Sprachkurse besuchen zu können und Land und Leute kennenzulernen. Basiskenntnisse im Deutschen sollte das Au-pair möglichst haben, wobei es manche Eltern gerade reizvoll finden, wenn ihr Kind schon früh mit einer Fremdsprache in tägliche Berührung kommt. Bleibt das Au-pair ein halbes Jahr, hat es Anspruch auf zwei Wochen bezahlten Urlaub. Das Taschengeld beträgt monatlich etwa 350 Euro zzgl. Kranken- und Haftpflichtversicherung

Wann ist ein Au-pair das Richtige? Wenn man eine relativ flexible Kinderbetreuung braucht, ein eigenes Zimmer zur Verfügung hat und bereit ist, als eine Art große Schwester bzw. großer Bruder zu fungieren.

Die Kinderfrau   betreut in erster Linie die Kinder, aber das rundum. Sie übernimmt Bring- und Abholdienste, kocht, kontrolliert Schulaufgaben und verrichtet Hausarbeit, die im unmittelbaren Zusammenhang mit der Kinderbetreuung steht. Im besten Fall ist die Kinderfrau ausgebildete Kinderpflegerin oder Erzieherin, im schlechtesten Fall handelt es sich um eine Frau aus einem Entwicklungsland, die kaum Deutsch spricht.

Eine Kinderfrau bekommt abzüglich Steuern und Sozialversicherung zwischen neun und zwölf Euro netto pro Stunde. Hinzu kommen Haftpflicht- und Unfallversicherung. Bei einer 40-Stunden-Woche liegt der gesetzliche Mindesturlaub bei 24 Tagen im Jahr.

Wann ist eine Kinderfrau das Richtige? Wenn zwei und mehr Kinder unter zehn Jahren individuell betreut werden müssen und wenn man regelmäßige Arbeitszeiten im Zeitraum von 6 bis 20 Uhr zusichern kann.

Babysitter werden ausschließlich für Kinder angeheuert. Aufräumen, Putzen, Kochen gehören nicht zu ihren Aufgaben. Sie spielen, lesen vor, gehen mit den Kindern auf den Spielplatz und bringen sie abends zu Bett.

Die Vergütung ist Verhandlungssache. Sie liegt zwischen drei und zehn Euro pro Stunde und ist abhängig von der Kinderzahl, der Region und davon, ob ein Kind tagsüber betreut wird oder abends, wenn es bereits schläft.

Wann sind Babysitter das Richtige? Für unkomplizierte Kinder ab drei Jahren, wenn Eltern nur hin und wieder eine Betreuung suchen, bevorzugt abends und am Wochenende. Babysitter sollten mindestens zwölf Jahre alt sein.

Leihomas sind sogenannte Kinderpaten, keine kostenlosen Babysitter (Leihopas gibt es auch, aber selten). In der Regel bekommen sie eine Aufwandsentschädigung oder Fahrtkostenerstattung, aber hauptsächlich machen sie es aus Freude an Kindern. Eine Leihoma kommt in einem mehr oder weniger regelmäßigen Rhythmus, springt auch gern mal ein, steht aber nicht immer parat. Das Kind steht im Mittelpunkt, trotzdem freut sie sich über Familienanschluss. Bei Leihomas sollte einem bewusst sein, dass sie eventuell Erziehungsauffassungen einbringen, die aus etwas länger zurückliegender Zeit stammen. Wer damit Probleme hat, verzichtet besser auf diese Betreuungsform.

Wann sind Leihomas das Richtige? Für Eltern mit Kindern zwischen drei und 14 Jahren, denen es in erster Linie um den Kontakt zur älteren Generation geht.

Fehlt meinem Kind etwas, wenn ich alleinerziehend bin? 12

Das innere Bild von Familie bei Alleinerziehenden ist abhängig davon, ob man verwitwet ist, sich getrennt hat oder mit seinem Kind von Anfang an und bewusst allein lebt. Vor allem ist es ein Unterschied, ob das Familienleben von starken Konflikten gekennzeichnet war.

Kindern von Alleinerziehenden geht es gut, wenn sich getrennte Eltern einigermaßen freundlich und respektvoll begegnen, wenn sie gut vernetzt sind und auf einen unterstützenden Familienverband und Freundeskreis zurückgreifen können.

Mehr und mehr Eltern lassen sich in der Trennungsphase von einem Mediator begleiten. Das wird von allen Beteiligten als Entlastung empfunden und hilft, mit den Veränderungen in positiver Weise umzugehen. Defizite sind immer da zu erkennen, wo Mutter und/oder Vater emotional überbelastet und nicht erreichbar sind – übrigens auch dann, wenn die Eltern zusammenleben.

Kindern, die bei einem Elternteil aufwachsen, ohne Kontakt zum anderen zu haben, fehlt die zweite Beziehungs- und Bindungsoption. Das kann Entwicklungsschritte erschweren. Jungen macht diese Familienform oft mehr zu schaffen als Mädchen. Unter anderem ist ein erhöhtes Risiko für hyperaktive Verhaltensweisen zu beobachten. Übergewicht durch Bewegungsmangel und falsche Ernährung sind ebenfalls deutlich häufiger.

Problematisch wird es, wenn sich Alleinerziehende allein gelassen fühlen. Oft fehlt es dann nicht nur an Geld, sondern auch an einer stützenden Begleitung und geeigneten Kinderbetreuung. Da die meisten Alleinerziehenden berufstätig sind, geraten sie schnell an den Rand ihrer Leistungsfähigkeit, weil ein einfühlsamer Partner fehlt und sie für alles allein verantwortlich sind. Vor allem alleinerziehende Mütter leiden häufig unter psychosomatischen Erkrankungen. Bei alleinerziehenden Vätern ist die Situation generell nicht ganz so angespannt, vielleicht weil, zumindest statistisch gesehen, die wirtschaftliche und berufliche Situation insgesamt stabiler ist als bei alleinerziehenden Müttern.

13 Dürfen Großeltern miterziehen?

Durchaus. Über 30 Prozent der Großeltern in Deutschland betreuen regelmäßig ihre Enkel zweieinhalb Tage in der Woche – trotz eigener Berufstätigkeit. Probleme scheint es dabei kaum zu geben, weil sich mehr und mehr das Prinzip «Engagement ohne Einmischung» durchsetzt und Eltern und Großeltern klare Absprachen treffen, die von beiden Seiten respektiert werden.

Manche Großeltern finden, dass Eltern heute wieder strenger sind, als sie selbst es waren. Sicher war/ist die Babyboomer-Generation ziemlich frech und rebellisch. Im Vergleich dazu ist die jüngere Generation in einigen Bereichen tatsächlich wieder etwas traditioneller als ihre Eltern.

Großeltern treten heute oft lange vor dem Rentenalter ihre neue Rolle an und sind entsprechend gesund und aktiv. Mit Ausnahme von moralischen und religiösen Fragen geht die Sozialisation heute eher von den Jungen zu den Älteren als umgekehrt. Früher wollten Großeltern ihre Erfahrungen weitergeben, heute möchten sie lieber jung bleiben. Eine Strategie dafür ist der Kontakt mit Jüngeren. Eine große Gruppe engagiert sich daher stark in den jungen Familien und knüpft über die Enkel wieder an eine frühere, jüngere Lebensphase an. Den Enkeln wiederum tut der Kontakt mit den Großeltern gut. Nicht nur das Miteinander-Spielen wird als große Bereicherung erlebt, sondern auch das geduldige Zuhören, die unaufgeregte Haltung Krisen und Problemen gegenüber.

Großeltern sind wichtig für die Vermittlung von moralischen Werten an ihre Enkel und später auch gute Auskunfts-

personen über die Jugendsünden der Eltern. Kinder, die vertraute Beziehungen zu Großeltern erleben, entwickeln auch ein
besseres Bild vom Alter.

Ein paar Zahlen:

* Großmütter sind beim ersten Enkel durchschnittlich zwischen 52 und 55 Jahre alt, die Großväter etwa zwei bis drei
  Jahre älter.
* Im Durchschnitt haben Großeltern in Deutschland drei bis
  vier Enkel.
* Oma und Opa sind gemeinsam da: 70 bis 80 Prozent leben
  in Partnerschaften.
* 76 Prozent der Großeltern unterstützen die jungen Famili-
  en;
* davon 30 Prozent im Haushalt und bei der Kinderbetreuung,
* 22 Prozent finanziell (Hausbau, größere Anschaffungen
  wie Auto etc.). Jungen Familien fließen jedes Jahr durchschnittlich 3500 Euro zu.
* 47 Prozent engagieren sich in beiden Bereichen.
* 51 Prozent der Großväter und 65 Prozent der Großmütter
  unterstützen die Eltern bei der Erwerbstätigkeit, indem sie
  Enkel betreuen, 21 Prozent davon täglich.
* Über 40 Prozent der Großeltern leben nicht weiter als
  25 Kilometer entfernt; davon 70 Prozent in unmittelbarer
  Nachbarschaft oder sogar im selben Haus.

Quelle: Forsa-Umfrage Deutsches Zentrum für Altersfragen

Religion, Werte, Charakterbildung

14 Brauchen Kinder Religion?

Früher war für die meisten Kinder hierzulande alles klar: Man war katholisch oder evangelisch, jüdisch oder muslimisch, besuchte an Feiertagen den Gottesdienst, ging in den Religionsunterricht und irgendwann zur Kommunion, Konfirmation oder Bat/Bar Mitzwa. Heute zerbrechen sich Eltern den Kopf, was in Sachen Religion überhaupt noch wichtig und richtig ist. Soll man abends beten? Wie über Gott sprechen, wenn man selbst nicht an ihn glaubt? Soll das Kind in den Ethik- oder doch lieber in den Religionsunterricht gehen? In einem Punkt sind sich viele Eltern einig: Ihr Kind sollte den kulturgeschichtlichen Hintergrund des Abendlandes kennen. Schon, weil es sonst schwierig wird, die Architektur einer gotischen Kathedrale zu erklären oder die vielen Anspielungen an biblische Geschichten in Sprache, Literatur, Kunst und Alltag zu verstehen.

Doch bei den meisten Kindern hapert es schon an den Grundkenntnissen. Wer sind eigentlich die Leute, die beim Weihnachtsspiel um die Krippe stehen? Was wird denn wirklich an Ostern, Rosh ha Shana oder zum Ramadan gefeiert? Was sind die zehn Gebote? Ratloses Achselzucken. Mangelhafte Religionskenntnisse sind mehr als eine bedauerliche Bildungslücke, denn sie können zu Vorurteilen und Ressentiments führen.

Auch wenn Eltern Religion an sich skeptisch gegenüberstehen, so wollen sie doch ihr Kind befähigen, ethisch geleitete Entscheidungen zu treffen. Der Rabbiner und Lehrer Steven Carr Reuben hat Lebensregeln erstellt, die ihre Wurzeln in den zehn Geboten haben. Sie können ein Leitfaden sein, egal, ob man einer Konfession angehört und, wenn ja, welcher:

* Erkenne die Freiheit als ein menschliches Grundrecht an.
* Achte das Leben.
* Richte dich nicht nach Werten, die deiner Würde als Mensch schaden.

* Nimm dein Leben in die Hand und erfülle es mit Sinn.
* Respektiere deine Familie.
* Bemühe dich um gute, vertrauensvolle Beziehungen
  zu anderen.
* Sei verlässlich.
* Stiehl nicht.
* Lüge nicht.
* Sei dankbar für das, was du hast.

Darüber hinaus sollten Kinder die wichtigsten Begebenheiten der Bibel kennen (Schöpfungsgeschichte, das Leben der Stammväter, Jesus und die Auferstehung) sowie die wichtigsten Feiertage und Riten im Judentum, Christentum und Islam, aber auch im Hinduismus und Buddhismus.

Warum nicht einmal einen jüdischen, griechisch-orthodoxen oder islamischen Gottesdienst besuchen? (Wer unsicher ist, ruft vorher in der Gemeinde an.) Es gibt christlich-jüdische Gesellschaften, die gemeinsam Pessach und Ostern, Advent und Chanukka feiern. Man kann auch Nachbarn, Freunde, Kollegen fragen, ob man sie mit der Familie in eine Moschee, Synagoge oder Kirche begleiten darf.

Religiöse Toleranz gehört zu den wesentlichen Errungenschaften einer Demokratie. Abfällige Äußerungen über religiöse Rituale sind daher ein No-go! Man kann seine Position vertreten, ohne die Überzeugung anderer lächerlich zu machen oder abzuwerten. Schon Sechsjährige verstehen, dass jeder Mensch seine eigenen Glaubenssätze wählen kann. Man kann mit ihnen über diese wichtigen Fragen sehr ernsthaft sprechen.

Bevor man einem Kind kategorisch erklärt: «Gott gibt es nicht», sollte man bedenken, dass für Kinder die Vorstellung, dass nicht alle guten Gaben allein von den Eltern kommen und dass sie es nicht allein sind, die die Kinder beschützen, sehr beruhigend ist. Kindern tut die Vorstellung eines liebenden Gottes gut. Und das Eingebettetsein in die Jahreszeiten mit ihren Fest- und Feiertagen gibt ihnen durch ihren zuverlässig wiederkehrenden Rhythmus Sicherheit und Geborgenheit.

Ob und wie ein Kind später an Gott glauben will, ist seine persönliche Entscheidung – auf der Grundlage von Wissen und Freiheit.

15 Wie spricht man mit Kindern über den Tod?

Es gibt keine falsche Weise, über den Tod zu sprechen, solange man niemanden verletzt. Man kann sogar dabei lachen. Gerade für Kinder ist das eine Möglichkeit, sich einem ernsten und traurigen Thema anzunähern.

Gespräche über den Tod sind für kleine Kinder nicht beunruhigend. Bis zum vierten, fünften Lebensjahr sind sie noch in der magischen Phase und glauben, dass ein verstorbener Mensch jederzeit wiederkommen kann. Deshalb reagieren sie auch nicht allzu bestürzt, wenn sie hören, dass jemand tot ist. Gleichzeitig sind sie allerdings auch überzeugt, sie könnten durch einen starken Wunsch («Omi war blöd zu mir, die soll jetzt tot sein») den Tod eines Menschen herbeiführen. Gibt es einen Todesfall in der Familie oder in der näheren Umgebung, ist es deshalb wichtig, klarzumachen, dass das nicht durch irgendein Wunschdenken geschehen ist, sondern dass Omi krank oder alt war.

Erst mit fünf, sechs Jahren begreifen Kinder, dass der Tod etwas Unumkehrbares und Endgültiges ist. In ihrer Vorstellung sterben allerdings nur sehr alte Menschen oder solche, die weit weg sind. Den eigenen Tod oder den der nächsten Familienmitglieder blenden sie in aller Regel aus. Mit zehn, elf Jahren entwickeln Kindern dann so etwas wie ein universelles Verständnis vom Tod, der jeden Menschen jederzeit ereilen kann.

In jeder Phase und in jeder Situation brauchen Kinder vor allem ehrliche und tröstliche Antworten auf ihre Fragen. Was passiert, wenn man im Sarg liegt? Ist es dunkel und kalt? Tut das weh? Was passiert, wenn man stirbt? Wie ist es im Himmel?

Eltern können deutlich machen, was sie selbst glauben und dass Menschen sehr unterschiedliche Vorstellungen vom Tod und dem Leben danach haben. Hier eröffnet sich ein weiter

Raum, um über die tiefen Dinge, die Kinder bewegen, ins Gespräch zu kommen.

Je mehr Raum dabei für eigene tröstliche Vorstellungen ist, desto besser. Tröstlich meint allerdings nicht blumig. Umschreibungen wie «Opa ist von uns gegangen» oder «Tante Lina schläft den ewigen Schlaf» sind missverständlich. Sie können sogar beängstigend wirken. («Wenn ich einschlafe, wache ich vielleicht auch nicht mehr auf.») Am besten bleibt man bei dem Begriff «tot».

Auch lieb gemeinte Erklärungen wie «Gott hat Mia so lieb gehabt und deshalb zu sich genommen» oder «Onkel Luis ist jetzt im Himmel und schaut immer auf dich herunter» wirken auf manche Kinder eher beunruhigend. Sie sind dann böse auf den lieben Gott oder verängstigt, weil sie sich beobachtet fühlen.

Kinder haben im Übrigen eine große Fähigkeit, sich und andere zu trösten, unter anderem indem sie Sterbe- und Beerdigungsrituale in ganz eigener Weise interpretieren. Da wird dann das geliebte Meerschweinchen, das plötzlich kalt und steif in seinem Käfig liegt, mit seinem Lieblingsfutter in einen Karton gelegt und im Garten oder im Wald begraben und mit einem Lied verabschiedet. So erfahren Kinder, dass man den Tod liebevoll und tröstlich gestalten kann.

Kann man Charakter erziehen? 16

Man muss! Ein gutes Herz und ein gerader Rücken sind der Schlüssel zu einem erfüllten, erfolgreichen Leben, nicht ein hoch dotierter Job als «Reality-Stylist» an der Börse.

Untersuchungen zeigen, dass Menschen mit einem stabilen Wertesystem optimistischer und belastbarer sind und Krisen besser meistern als Menschen, die moralisch im freien Raum flottieren. Eltern, die die Charakterbildung in den Mittelpunkt ihrer Erziehung stellen, sind ihren Kindern emotional näher als solche, deren Interesse überwiegend schulischen Leistungen und Freizeitinteressen gilt. Ihre Kinder wiederum beschreiben die Beziehungen zu Familie und Freunden als gut bis sehr gut.

Die moralische Entwicklung durchläuft verschiedene Stufen, d.h., manche ethischen Fragestellungen verstehen Kinder erst in einem bestimmten Alter.

Für Kindergartenkinder ist es noch nicht ganz einfach, Realität und Fantasie auseinander zu halten. Somit ist ihnen auch nicht immer ganz klar, was gelogen und was wahr ist. Ansonsten verhalten sie sich nach dem Grundsatz «Wer stärker ist, hat Recht.» Dass die Stärkeren in der Regel die Eltern (oder andere Erwachsene) sind, ist auch hier von Vorteil. In Konflikten können sie eine Lektion in Friedfertigkeit und Selbstbeherrschung erteilen.

Auf der nächsten Moralstufe, mit etwa sechs bis sieben Jahren, heißt es «Auge um Auge, Zahn um Zahn»: «Wenn du mein Bild beschmierst, beschmier ich deins.» Aber auch: «Wenn du deine Gummibärchen mit mir teilst, teile ich meine Spielsachen mit dir.» Alles muss fair und gerecht sein. Ist das nicht der Fall, gerät die Kinderwelt aus dem Gleichgewicht. Diese Phase kann unter Umständen recht lange dauern.

Entwicklungspsychologen und Moralphilosophen empfehlen, möglichst immer an eine höhere Stufe des moralischen Denkens zu appellieren und sich mehr auf Liebe als auf Gerechtigkeit zu berufen: «Tu das, weil es richtig ist», oder «weil sie deine Schwester ist». Nicht: «Tu das für mich, weil ich das für dich tue.»

Abstrakte ethische Konzepte, etwa «Was wäre, wenn jeder so handeln würde wie ich?», verstehen Kinder mit neun, zehn Jahren. Bei gewissen Gelegenheiten muss man sie dazu auffordern, sich in die Lage eines anderen zu versetzen und sich damit zu befassen, wie die Familie, die Gesellschaft aussehen würde, wenn sich jeder so benehmen würde.

Mit der Pubertät ist die Moralentwicklung weitgehend abgeschlossen – darin sind sich die meisten Entwicklungs- und Verhaltenspsychologen einig. Wer mit 15 noch nicht mit normativen Konzepten wie Aufrichtigkeit, Einfühlungsvermögen oder Respekt vertraut ist, wird diese kaum noch verinnerlichen.

Der beste Rat in Sachen Charaktererziehung ist übrigens: «Behandle dein Kind so, als sei es bereits der gute Mensch, der es mal werden soll.»

Sind Märchen zu altmodisch und brutal?   **17**

Immer mehr Kinder kennen die alten Grimm- und Andersen-Märchen nur noch animiert oder als Comic auf dem Zahnputz-becher. Schneewittchen und die anderen haben durch Prinzessin Lillifee & Co mächtig Konkurrenz bekommen. Um auf dem heiß umkämpften Kinderbuch-, Film- und Spielzeugmarkt mit-halten zu können, wurde aus dem armen Aschenputtel eine Prinzessin Proletta, die als «Cinderella» in Disneyland Auto-gramme verteilt. «Die kleine Meerjungfrau» ist zu «Arielle» mu-tiert, ein Wesen, das nur noch wenig gemein hat mit dem ge-heimnisvollen, traurigen Mädchen der Meere.

Märchen gelten als weltfremd und langweilig. Die edlen Jünglinge und sittsamen Mädchen, so argwöhnen aufgeklärte Zeitgenossen, repräsentieren völlig überholte, fragwürdige Rol-lenbilder. Die Schilderungen von abgeschlagenen Fersen und brennenden Hexen sind abstoßend und grausam. Die Sprache ist verstaubt und verschroben.

Da ist was dran. Aber Märchen sind auch ein «Sesam, öffne dich» für das, was sich im Unterbewusstsein abspielt, wo sich Wünsche, Träume und Ängste mit realen Erfahrungen und Er-lebnissen verweben. Nicht von ungefähr beginnen sie oft mit der Formel «Als das Wünschen noch geholfen hat ...». Märchen-gestalten sind keine realen Menschen, sondern Seelenbilder. Psychoanalytiker nennen sie «archaische Identifikationsfigu-ren». Rapunzel, Rotkäppchen, Aschenputtel sind Geschöpfe, mit denen Kinder mitleiden, mitzittern und mithoffen – in der Gewissheit, dass es immer gut ausgeht.

Märchen eröffnen eine geheimnisvolle Welt voller Aben-teuer. Die wundersamen, schaurig-schönen, manchmal tief-traurigen und grausamen Geschichten von bösen Hexen und schönen Königstöchtern, von blutrünstigen Riesen und Stroh, das zu Gold wird, haben nichts von ihrem Zauber verlo-ren.

Kinder lieben Märchen. Vor allem in der magischen Phase zwischen vier und sieben Jahren gehen sie in den Märchenwel-ten selbstverständlich ein und aus. Man fängt an zu erzählen oder vorzulesen – und schon werden Schneewittchen, Hänsel und Gretel oder das tapfere Schneiderlein lebendig.

Die mitunter etwas verstaubt anmutende Sprache sorgt für weitere Faszination. Kinder erweitern ihren Sprachschatz, erleben neue Sprachbilder und lernen mit Sprache zu spielen. Kinder, die mit Märchen aufwachsen, sind sprachgewandter als solche, die nur das «Pika, pika» der Pokémons kennen.

Märchen geben Halt und Orientierung, weil sie elementare Ordnung in Alltagserfahrungen bringen. Sie nehmen existentielle Ängste ernst und sprechen sie unmittelbar aus: das Bedürfnis, geliebt zu werden, die Angst, als nutzlos zu gelten, die Liebe zum Leben und die Furcht vor dem Tod. Deshalb berichten Märchen davon, dass man sich trotz aller Widrigkeiten, Gefahren und Rückschläge nicht aufgeben darf. Dass das Gute siegt, egal, welche niederträchtigen Absichten das listige Rumpelstilzchen und die böse Hexe verfolgen. Am Ende springt Rotkäppchen vergnügt durch den Wald, die Bremer Stadtmusikanten machen es sich im Räuberhaus gemütlich und Dornröschen wird von einem Prinzen wachgeküsst. «Und so lebten sie glücklich und zufrieden, und wenn sie nicht gestorben sind...»

So kommt es, dass Kinder eine Geschichte wieder und wieder hören wollen. Die Wiederholungen helfen, das Geschehen zu bannen, und sorgen dafür, dass sich nach Grusel und Schrecken Geborgenheit einstellt.

18 Vertrauen nach einem Vertrauensbruch – wie geht das?

Kinder tun immer mal wieder Dinge, die man ohne zu zögern als «hirnrissig» bezeichnen wird. Sie rauchen beispielsweise heimlich, bis ihnen übel wird, erzählen aber, sie seien beim Eisessen gewesen. Wenn man sie dann zur Rede stellt, streiten sie alles ab, obwohl sie wie ein Räuchermännchen riechen. Leider sind solche Kindereien erst im Rückblick noch zwanzig Jahren lustig. In der Gegenwart machen sie Eltern heftiges Kopfzerbrechen. Dabei beschäftigt sie, um bei eben genanntem Beispiel zu bleiben, weniger die Zigarette als der Vertrauensbruch selbst.

Aber Kinder machen so was, und zwar nicht nur einmal. Vielleicht liegt es ja daran, dass die Fähigkeit, andere hinters Licht zu führen, dem Menschen gewissermaßen in die Wiege gelegt wird. Wie andere Begabungen auch, ist sie unterschiedlich stark ausgeprägt, aber die Grundbegriffe beherrscht eigentlich jeder. Ein gewisses Misstrauen ist also notwendig. Eltern, die behaupten, sie könnten ihrem Kind in jeder Situation blind vertrauen, sind entweder große Verdränger oder ihr Kind ist ganz besonders clever im Verheimlichen. Kein Kind hält sich immer und unter allen Umständen an Regeln und Vereinbarungen. Das ist auch gut so. Um zu lernen, selbstbestimmt und verantwortungsbewusst zu handeln, müssen Kinder Verbote und Vereinbarungen missachten. Und damit ist man – Vertrauen hin oder her – wieder bei der Kontrolle. So unangenehm sie ist, manchmal geht es nicht ohne, etwa wenn Gefahr im Verzug ist.

Ohne Kontrolle geht es auch in der Schule nicht. Laut einer internationalen Umfrage haben 97 Prozent der Schüler zumindest einmal mit unerlaubten Hilfsmitteln gearbeitet. Das hat vermutlich damit zu tun, dass Kinder und Erwachsene gleichermaßen in einer Wettbewerbs- und Leistungsgesellschaft leben. Das Eingeständnis, weniger als andere zu können, ist auch für Kinder hart. Man sollte das Schummeln nicht zu hoch hängen, sondern lieber klar machen: Ohne Ehrlichkeit gibt es keine Chancengleichheit und Gerechtigkeit. In erster Linie betrügt man sich selbst und erfährt nicht, was man wirklich kann. Wenn Kinder eine Vereinbarung nicht einhalten, sehen viele Eltern nur den Vertrauensbruch. Doch oft rebellieren Kinder gegen Vorschriften, für die sie schon zu groß sind. Sie wollen mehr Unabhängigkeit und Selbständigkeit. Darüber kann man reden. Und natürlich wird die Angelegenheit umgehend in Ordnung gebracht und nichts nachgetragen. Kinder, die ihre Eltern als versöhnlich und gerecht erleben, geben sich viel Mühe, das in sie gesetzte Vertrauen nicht gleich wieder aufs Spiel zu setzen.

19 Warum lügen und schwindeln Kinder so oft?

Eltern sehen das naturgemäß etwas anders, aber zunächst einmal ist Lügen können ein Schritt in Richtung kognitiver Reife. Kleinkinder können gar nicht lügen. Bis drei, vier sind Kinder im magischen Alter und leben in der Vorstellung, dass Eltern allmächtig und allwissend sind. Wozu also lügen? Mit etwa vier merken sie zwar, dass Lügen offenbar eine schwerwiegende Sache ist, weil darum so viel Aufhebens gemacht wird, doch erst mit fünf, sechs Jahren finden sie heraus, dass ein anderer unter Umständen weniger weiß und man ihn hinters Licht führen kann. In diesem Alter realisieren sie auch, dass es keineswegs damit getan ist, einfach wiederzugeben, was passiert ist, sondern dass es darauf ankommt, die richtige Geschichte zu erzählen. Sie lernen, dass man seine Phantasie dazu benutzen kann, nett zu sein, sich zu rechtfertigen, einen Streit zu umgehen oder etwas zu erreichen, was man sich wünscht. «Sprache bedeutet, Dinge mit Worten zu tun», sagt Rainer Maria Rilke.

Wie oft Kinder diese neue Fähigkeit einsetzen, hängt davon ab, welchen Stellenwert das «Geschichtenerzählen» in ihrer Umgebung hat. Wird in einer Familie viel geschwindelt und manipuliert, wenden Kinder diese Kommunikationstechnik ebenfalls häufig an. Außerdem greifen jüngere Geschwister deutlich häufiger zur «Mogel-Packung» als Erstgeborene und Einzelkinder. Wenn sie mithalten wollen, bleibt ihnen manchmal gar nichts anderes übrig.

Mit sieben, acht Jahren lernen Kinder dann, dass man gewisse Dinge freundlich umschreiben sollte und nicht mit allem rausplatzen darf, was einem gerade in den Sinn kommt. «Du stinkst» oder «ich mag dich nicht» klingen auch aus Kindermund nicht charmant. Die Fähigkeit, zu lügen, ist ein essentieller Bestandteil der sozialen Intelligenz.

Bis zum 12. Lebensjahr lügen Kinder auch noch aus einem anderen Grund: weil sie eine andere Sicht auf die Wirklichkeit haben als Erwachsene. Manches, was Eltern harmlos finden, erscheint ihnen beunruhigend und bedrohlich. Sie malen sich dramatische Folgen aus, wenn sie einen Fehler gemacht haben,

und erfinden in ihrer Not Geschichten, die Eltern erst recht aufbringen. Sie behaupten, der Pulli sei geklaut worden, statt zuzu-
geben, dass sie ihn verloren haben, oder nehmen einen «up-
grade» ihrer Noten vor. Für Kinder ist die Vorstellung, ihre Eltern traurig zu machen oder zu enttäuschen, extrem belastend.
Öfter, als man denkt, lügen sie, um Eltern zu schützen.

Manchmal lügen Kinder auch, weil sie ein bisschen unab-
hängiger sein wollen oder um sich vor allzu drängenden Fragen
nach ihrem Innenleben zu schützen.

Bei allem Verständnis: Die Wahrheit soll ans Licht. Das
klappt nur, wenn ein Kind nicht mit Strafen oder Sanktionen
rechnen muss. Das Wichtigste ist auch hier, gut zuzuhören.
Wenn möglich, sollte man keine Warum-Fragen stellen. Sie
klingen zu sehr nach Kritik und Anschuldigung. Emotionsfor-
scher bezweifeln im Übrigen, dass Kinder erklären können, was
«wirklich» passiert ist. Meistens malen sie ihre Wahrnehmun-
gen stark nach eigenen Wünschen aus, erwähnen, was ihnen
bedeutsam erscheint, und vergessen wichtige Aspekte. Oft ver-
wechseln sie auch die zeitliche Reihenfolge der Ereignisse. Besser ist es, man fragt, was passieren könnte, wenn die Sache ans
Licht käme. Dabei zeigt sich häufig, dass Kinder die Konsequenzen ihrer Handlungen wesentlich schlimmer einschätzen, als
sie in Wirklichkeit sind. In diesem Fall sollte man sein Kind beruhigen. Dann kann man anbieten, die Sache gemeinsam aus
der Welt zu schaffen, und überlegen, wie man sich beim nächsten Mal in einer ähnlichen Situation verhalten kann, damit man
nicht lügen muss. So merken Kinder, dass sie den Eltern vertrauen können, und die größte Hürde in Richtung Wahrhaftig-
keit ist genommen.

Mein Kind hat gestohlen, was bedeutet das? 20

Paul behauptet, er weiß nicht, wo die Schokoladentafel ist, obwohl er gerade das letzte Stück in den Mund steckt. In der
Schultasche ist ein T-Shirt, das Mia «gefunden» hat. Verständlicherweise ist Eltern nicht wohl, wenn sie bemerken, dass sich ihr
Kind fremdes Eigentum angeeignet hat, selbst wenn es sich nur

um eine Tafel Schokolade handelt. Trotzdem sollte man besonnen reagieren. Auch wenn Kinder ab und zu stehlen, heißt das nicht, dass sie auf eine kriminelle Laufbahn zusteuern.

Bei den unter Zehnjährigen sind Diebstähle sehr oft mit einem bewussten oder unbewussten Wunsch verbunden. Sie wünschen sich manchmal etwas für sich oder andere, von dem sie annehmen, dass es im Widerspruch zu den Wünschen ihrer Eltern steht. Über diesen Wunsch, nicht über den Diebstahl, muss man mit seinem Kind sprechen. Darüber, was ihm daran so wichtig ist. Wie sich dieser Wunsch vielleicht erfüllen lässt, ohne zu stehlen, wie man auf die Erfüllung eines Wunsches warten oder sogar verzichten kann. Manchmal «finden» Kinder auch Geld. Dabei geht es gar nicht darum, sich etwas zu kaufen, sondern darum, einen Wert zu haben – im wahrsten Sinn des Wortes. Wenn sie könnten, würden sie vielleicht sagen: ‹Ich habe Angst, dass dir deine Arbeit wichtiger ist als ich. Bitte kümmere dich um mich. Ich bin wertvoll.›

In solchen Fällen sind Strafen nicht nur unsinnig, sondern auch unnötig. Das Einzige was auf den Tisch muss, ist die Wahrheit und nach Möglichkeit der Gegenstand, um den es geht.

Wenn man bereits weiß, dass ein Kind etwas gestohlen hat, spricht man die Sache am besten direkt an. «Ich habe bemerkt, dass du die Schokolade aufgegessen hast. Wie kommen wir jetzt an neue?» Oder: «Du hast gesagt, du hast das Nintendo-Spiel gefunden. Aber wir wissen beide, dass du es gestohlen hast. Das ist verboten. Deine Freundin denkt womöglich, dass sie es verloren hat. Vielleicht wird sie dafür sogar geschimpft...». Anschließend muss das Kind das Diebesgut zurückgegeben – mit einer Entschuldigung. Damit ist die Sache erledigt, und man nimmt sein Kind in die Arme. Das die beste Prävention.

Etwas anders ist die Sache bei älteren Kindern, die sich iPods und ähnliche Dinge, die gerade angesagt sind, unrechtmäßig aneignen, ob nun bei einem Ladendiebstahl oder in der Umkleide des Sportvereins. Hier ist wichtig, den Diebstahl und die möglichen juristischen Folgen unaufgeregt, aber klar zu benennen und sich gemeinsam Gedanken zu machen, wie das Kind dem Gruppen- und Konsumdruck besser standhalten kann. Stehlen Kinder immer wieder, sind sie in Not. Sie brauchen Hilfe, keine Strafen.

Bezeichnenderweise bestehlen in Trennungsphasen Kinder besonders häufig Eltern oder deren neuen Partner. In jedem Fall muss man herausfinden, was dahintersteckt. Denn nur, wenn man weiß, was einem Kind wirklich fehlt, kann es bekommen, was es braucht.

Welche Vorbilder brauchen Kinder? 21

Vorbilder helfen Kindern dabei, ein Bild ihrer Zukunft zu entwerfen. «Wie werde ich mal sein?» Oder anders: «So möchte ich mal sein.» Dabei geht es nicht allein darum, sich vorbildliche Eigenschaften anzueignen, sondern herauszufinden, was man selbst kann, was man sich wünscht und erhofft. In diesem Sinn begleiten Vorbilder den Prozess des Erwachsenwerdens. Sie geben Halt und Orientierung und tragen zur Selbstfindung und Entwicklung der eigenen Identität bei.

Kinder suchen ihre Vorbilder zunächst in der Familie und in der Schule oder im Sportverein: Eltern, ältere Geschwister, große Cousins, ein geliebter Lehrer oder ein bewunderter Trainer. Dann weiten sich die Beziehungen, es kommen Menschen hinzu, die Kinder aus den Medien kennen, Sportler, Musiker, Schauspieler, Persönlichkeiten, die sich für eine gute Sache einsetzen. Und natürlich gibt es auch noch die vielen Fantasiegestalten, Figuren aus Büchern, Comics, Filmen, und solche, die sich das Kind selbst ausdenkt. Oft suchen sich Kinder Vorbilder, deren Fähigkeiten ihnen aus ganz pragmatischen Gründen besonders verlockend erscheinen. Superstark sein wie Bob der Baumeister. Manchmal sind es auch Figuren oder Menschen, die Kindern vertraut sind, weil sie bestimmte Verhaltensweisen, Vorlieben und Abneigungen mit ihnen gemeinsam haben, obwohl sie sich durch ungewöhnliche Fähigkeiten und völlig andere Lebensumstände von ihnen unterscheiden, von Pipi Langstrumpf bis zu Harry Potter.

Am besten sind Vorbilder, die zur Auseinandersetzung anregen, die selbst mit Problemen zu kämpfen haben und zeigen, wie man Schwierigkeiten bewältigt, Ängste überwindet und sich Ungerechtigkeit widersetzt. Eltern sollten wissen, für wen sich ihr Kind begeistert, und darüber im Gespräch bleiben. Sie können anregen, Verhaltensweisen und Leistungen des «Helden» kritisch zu hinterfragen, und dürfen ruhig auch mal sagen: «Der gefällt mir nicht, weil...».

Mädchen gehen übrigens häufig eine intensive emotionale Bindung mit ihrem Vorbild ein. Jungen dagegen identifizieren sich eher mit ihm. Wenn sie beispielsweise Fußball spielen, eifern sie ihrem Star nicht einfach nach, sie schlüpfen in seine Haut. Jungen und Mädchen gemeinsam ist, dass ihre Fantasien über ein Vorbild immer mit einer Fülle von starken, «erwachsenen» Lebensgefühlen verbunden sind.

22 Was heißt Interkulturelle Erziehung?

Kinder wachsen heute in einer Welt auf, die von wachsender Vielfalt geprägt ist. Da ist Mustafa, der keine Schweinswürstchen essen darf, Dimitri, der erstaunlich gut Deutsch spricht, Wang, der Neujahr an einem anderen Tag feiert, und Aron, der von Pessach erzählt. Das ist bereichernd und gleichzeitig eine Herausforderung. Schließlich geht es nicht nur darum, miteinander Feste zu feiern, Musik zu hören und unbekannte Speisen kennenzulernen, sondern darum, Vielfalt wertzuschätzen, Gemeinsamkeiten und Zugehörigkeiten herzustellen, ohne das Eigene zu verleugnen.

Kinder müssen lernen, dass unterschiedliche Sichtweisen nebeneinander Platz haben. Dazu gehört, Unterschiede wahrzunehmen und mit ihnen zu leben, ohne sich angegriffen zu fühlen. Egal, ob die Unterschiede mit Herkunft, Religion, kultureller Prägung, Sprache, Geschlecht oder einem Handicap zu tun haben. «Fremdheitskompetenz» ist der Fachausdruck dafür. Um die zu erwerben, müssen sich Kinder zunächst in ihren eigenen Unsicherheiten oder Ängsten verstanden und angenom-

men fühlen. Dann können sie ein Bewusstsein vom Zusammenleben verschiedener Kulturen entwickeln, selbst wenn
manche nicht ganz verstanden werden. Die Identität eines Kindes lässt sich stärken, wenn man ihm erklärt, dass jeder Mensch
seine Persönlichkeit in einem besonderen sozialen, kulturellen,
sprachlichen und religiösen Umfeld entwickelt, dass niemand
besser oder schlechter ist, sondern nur anders.

   Die meisten Kinder begegnen vor allem im Kindergarten
und in der Schule anderen Traditionen und Lebensformen. Hier
braucht es Erzieher und Lehrer, die im Bereich Interkulturalität
fit sind, entsprechende Fortbildungen besuchen und neben
Wissen auch über das notwendige Fingerspitzengefühl verfügen. In den Kindergartenjahren müssen Kinder lernen, sich
trotz vielleicht großer Differenzen in andere hineinzuversetzen
und zwischen dem, was man empfindet, und dem, was man daraus ableiten darf, zu unterscheiden.

   Die beste interkulturelle Erziehung sind Eltern, die Respekt,
Aufgeschlossenheit und Neugier für andere Kulturen vorleben,
die ein offenes Haus führen, Stadtteilfeste besuchen und auf Reisen mit dem Unbekannten und Fremden vertraut machen oder
sogar Gemeinschafts- und Solidaritätsgefühle engagiert leben,
zum Beispiel in der Hausaufgabenhilfe für Kinder von Asylbe-
werbern. Mit älteren Kindern sollten nicht nur Lehrer oder Sport-
trainer, sondern auch Eltern soziale, politische und religiöse
Fragen diskutieren, um sie für unterschiedliche Formen von Dis-
kriminierung zu sensibilisieren. Diese betreffen rassistische,
sexistische oder sonstige abfällige Äußerungen ebenso wie subti-
lere Formen der Kränkung, zum Beispiel das leider weit verbrei-
tete «Übersehen» von Kindern, die «anders» sind.

23 Warum brauchen Kinder Traditionen und Rituale?

Das Leben in und mit der Familie braucht Meilensteine, Ereignisse im Kalender, auf die sich alle gemeinsam freuen, die man gemeinsam vorbereitet und erlebt. Dazu gehören die großen Fest- und Feiertage und besondere Familienfeste. Die damit verbundenen Traditionen und Rituale – das Geschirr, das nur zu Ostern benutzt wird, das Frühstück ans Bett bringen und der Blumenkranz zum Geburtstag, die Strohsterne, die seit zwei Generationen den Weihnachtsbaum schmücken – vermitteln ein Bild der jeweils einzigartigen Familien-Vergangenheit, in der sich ein Kind als ein wichtiger Teil verorten kann: Das bin ich, das sind wir, hierher gehöre ich.

Traditionen sind gelebte Erinnerungen, um die sich Geschichten aus längst vergangenen Tagen ranken, die immer wieder ausgetauscht werden wollen. Sie schenken Zuversicht und Sicherheit und das Wissen, dass Kummer, Unglück und Armut zum Leben dazugehören und dass man damit fertig werden kann.

Wiederkehrende Ereignisse, Feste und die damit zusammenhängenden Bräuche und Sitten helfen, die Welt zu ordnen. Kinder entwickeln auf diese Weise ein Verständnis für Zeiträume und Jahreszeiten, für Vergangenheit und Zukunft. Entwicklungspsychologen bezeichnen den kindlichen Bildungsprozess auch als «Konstruktion von Weltbildern». Darüber, wie in der Familie Weihnachten, Ostern, Chanukka und Pessach oder das Opferfest gefeiert werden, kann sich ein Kind einen Reim auf die Dinge dieser Welt machen und eine kulturelle und religiöse Identität entwickeln.

Auch Alltagsrituale sind – richtig eingesetzt – liebevolle und wirksame Erziehungshelfer. Beginnt jede Mahlzeit zum Beispiel mit einem Tischspruch, fangen Kinder nicht zu essen an, bevor alle am Tisch sitzen. Die Wiederholung bestimmter Handlungen, der immer gleiche Ablauf – Zähneputzen, Schlafanzug anziehen, Geschichte vorlesen – gibt Halt und Orientierung in einer für Kinder komplizierten und oft undurchschaubaren Welt. Kinder lieben es, wenn alles so ist «wie immer». Bis sie eines Tages selbst bestimmen, «keine Sterne an den Weihnachtsbaum», «Sonntagsbrunch mit der Familie ist blöd, ich will ausschlafen». Das müssen Eltern akzeptieren. Und auf keinen Fall vor Freunden das traditionelle Geburtstagslied anstimmen – das wäre superpeinlich. Die mitunter heftige Ablehnung von Traditionen und Ritualen hilft Heranwachsenden, sich abzugrenzen und aus der Familie zu lösen, um ihr eigenes Leben mit eigenen Traditionen und Ritualen zu gestalten. Die sind dann oft ganz ähnlich wie die der Kinderzeit.

Und ich? Wie verteilt man in der Familie die Aufgaben gerecht? 24

«Elternschaft ist eine Lebensform, die Menschen eine reduzierte Persönlichkeit aufnötigt», schreibt Dieter Thomä, Professor für Philosophie, in seinem Buch «Eltern». Eltern sind die einzigen Wesen der Schöpfung, die das Wissen um ihre eigenen Bedürfnisse und Wünsche systematisch negieren. In dieser Hinsicht stehen sie evolutionär weit unter der Stubenfliege, denn die weiß genau, wann sie sich niederlassen, laufen und essen muss.

Dieses merkwürdige Verhalten ist in erster Linie auf die große Bedürftigkeit der Kinder in den ersten Lebensjahren zurückzuführen. Damit sie gedeihen, müssen existentielle Bedürfnisse liebevoll und möglichst prompt erfüllt werden. Das funktioniert nur, wenn die eigenen hintangestellt werden. Doch eines nicht so fernen Tages muss das «Füttern auf Verlangen» aufhören, sonst lernen Kinder nicht, für sich Verantwortung zu übernehmen, und erst recht nicht, die Bedürfnisse, Anliegen und Rechte anderer wahrzunehmen und zu achten.

Diese anderen sind zunächst einmal die Eltern. Da Kinder naturgemäß Egozentriker sind, ist es nötig, sie hin und wieder darauf aufmerksam zu machen, dass die Eltern auch noch da sind. Es bekommt weder den Kindern noch einem selbst, wenn man die eigenen Bedürfnisse und Wünsche ständig negiert. Wer sich selbst aus den Augen verliert, hat keine Basis mehr, von der aus er anderen gegenüber mitfühlend und großmütig sein kann.

Die Frage, wer was im Familienalltag übernimmt, greift sehr viel tiefer als die Staubschicht, die sich gerade wieder unterm Sofa ansammelt. Wenn man aus falsch verstandener Gutmütigkeit oder einem ähnlich diffusen Grund keine Klärung sucht, stellt man einen Zeitzünder. Die Bombe explodiert vielleicht erst Jahre später, aber sie tickt jeden Tag und manchmal auch jede Nacht.

Nach wie vor haben vor allem Mütter oft das Gefühl, über Gebühr beansprucht zu werden und ansonsten zu kurz zu kommen. Daran sind sie selbst nicht ganz unschuldig. Viele tun sich schwer, Aufgaben zu delegieren. In der Tat erscheint es auf den ersten Blick unsinnig, zuzuschauen, wie sich jemand mit etwas abmüht, das man selbst routinemäßig schnell erledigen kann. Aber nur so entsteht der Freiraum, den man anders füllen kann als mit Staubsaugen. Doch da lauert eben ganz tief innen die Angst, sich überflüssig zu machen. Dagegen hilft nur eines: sich bewusst zu machen, dass man um seiner selbst willen geliebt werden möchte, und sich ab sofort etwas mehr um dieses Selbst zu kümmern.

Vielleicht will man ja das Kochen und überhaupt alles, was mit Küche und Einkaufen zu tun hat, loswerden, oder die Elternabendbesuche oder das allabendliche Vorlesen, bei man immer fast einschläft. Nur zu! Am besten trommelt man die Familie zusammen. Dann schreibt jeder auf, wie viel Zeit er in die Gestaltung des Familienlebens investiert (inklusive Chauffeurdienste und ähnliches) und wie viele Stunden er darüber hinaus durch Schule bzw. Beruf und ehrenamtliche Tätigkeiten wie Elternvertreter oder Fußballtrainer beansprucht ist. Vielleicht nimmt man zwei, drei Wochentage zur «Datenerfassung». Sollte sich bei dieser Bestandsaufnahme herausstellen, dass einer in der Familie am Ende des Tages kaum eine Minute für sich hat,

werden die anderen einsehen, dass das nicht fair ist und dringend geändert werden muss.

Außerdem hat jeder ein Recht darauf, als kompetente Person
ernst genommen zu werden. Am besten drückt man gleich jetzt
dem Kind einen Putzlappen und dem Partner Einkaufstasche
oder Kochlöffel in die Hand. Und vielleicht lassen sich ja die
Standards für Ordnung und Sauberkeit zugunsten von mehr
Freizeit und Freiheit senken?

Wie viel sollen Kinder im Haushalt helfen? 25

Die meisten Experten sind der Ansicht, dass Hausarbeit gerade
auf Kinder einen sehr positiven Effekt hat und ihnen hilft, sich
besser zu organisieren, zu konzentrieren und zu motivieren –
mal abgesehen davon, dass über Kochen und Putzen wertvolles
Basiswissen in Naturwissenschaften und Mathematik vermittelt wird. Allein das ist Grund genug, sich als Eltern nicht allein
für den Haushalt zuständig zu fühlen.

Übrigens sieht sogar der Gesetzgeber vor, dass Kinder im
Haushalt helfen. In Paragraph § 1619 BGB heißt es: «Das Kind
ist, solange es dem elterlichen Hausstand angehört und von den
Eltern erzogen oder unterhalten wird, verpflichtet, in einer seinen Kräften und seiner Lebensstellung entsprechenden Weise
den Eltern in ihrem Hauswesen und Geschäft Dienste zu leisten.»

Dreijährige können die Spülmaschine ausräumen helfen,
Fünfjährige Staub wischen, Siebenjährige ihr Zimmer aufräumen und hin und wieder staubsaugen, Achtjährige den Tisch
decken und abräumen, den Hof fegen und kleine Handlanger-
dienste leisten, wenn Eltern heimwerken. Neunjährige führen
den Hund aus, machen Telefondienst und erledigen Einkäufe,
Elfjährige bereiten allein das Frühstück zu und kochen unter
Aufsicht, Fünfzehnjährige können Eltern sogar schon einen
ganzen Tag entlasten und den Haushalt führen.

Neben den persönlichen Putz- und Aufräumarbeiten wie
Bett machen, Schreibtisch ordnen, Kleiderschrank aufräumen

empfiehlt sich eine Liste von Pflichten, die der ganzen Familie zugute kommen, zum Beispiel Kochen oder Bügeln. Jedes Familienmitglied übernimmt davon in der Woche mindestens drei.

Sind beide Elternteile berufstätig, erhöht das die Mitwirkungspflicht. Geld gibt es dafür übrigens nicht, die Hilfe ist selbstverständlich. Das Bürgerliche Gesetzbuch hat das Zusammenleben in der Familie ähnlich einem gegenseitigen Vertrag geregelt. Eltern müssen den Unterhalt ihres Kindes sicherstellen, sind aber nicht verpflichtet, Markenkleidung oder Handy zu finanzieren, wenn sich ihr Kind weigert, eine der oben genannten Aufgaben zu übernehmen. Das ist gut zu wissen, auch wenn Eltern normalerweise nicht das BGB brauchen, um ihr Kind zur Mithilfe zu bewegen. In der Regel helfen Kinder gern und sogar weitgehend freiwillig, wenn man ihnen bei der Ausführung möglichst freie Hand lässt, ihr Engagement wertschätzt (nicht hinterherputzen!) und mit gemeinsamer Zeit belohnt.

Übrigens: Solange Eltern oder ein bezahlter guter Geist die Wohnung auf Hochglanz bringen, sehen Kinder keinen Grund, selbst den Putzlappen zu schwingen.

26 Müssen sich Geschwister dauernd zanken?

Geschwister sind etwas ganz Besonderes. Sie vertrauen sich und machen sich gegenseitig Mut. Sie lachen und spielen zusammen, bringen sich Lesen und Weitspucken bei, und manchmal machen sie sich das Leben schwer. Die Beziehung zu einem Geschwister prägt Menschen stark und hält oft ein Leben lang. Experten wissen auch, warum: Zoff schweißt zusammen. Geschwister geraten aus den unterschiedlichsten Gründen aneinander. Weil sie hungrig, müde oder gelangweilt sind, weil sie die Aufmerksamkeit auf sich lenken wollen, weil sie voneinander genervt und aufeinander eifersüchtig sind. Das ist alles normal. Das schmerzliche Gefühl, Eltern würden Unterschiede machen, kann verschiedene Gründe haben. Vielleicht hat man dem ei-

nen Kind etwas erlaubt oder durchgehen lassen, was man dem
anderen verboten hat. Oder man hat durch ein unbedachtes
Wort den Eindruck erweckt, als ob man sich für die Interessen
eines Kindes mehr begeistert als für die des anderen. Oder der
kleine Bruder hat sich den Arm gebrochen und bekommt nun
nicht nur einen tollen Gips, sondern zu allem Überfluss noch
eine Extraportion Zuwendung.

Solche Eifersuchtskonflikte lassen sich kaum verhindern,
auch nicht mit der umsichtigsten Gleichbehandlung. Wenn
Kinder älter werden, verstehen sie von allein immer besser, dass
eine unterschiedliche Behandlung den unterschiedlichen Persönlichkeiten und Fähigkeiten geschuldet ist, nicht dem Umstand, dass ein Kind mehr geliebt wird als das andere.

Im Prinzip sollten sich Eltern aus Geschwisterstreitigkeiten
heraushalten. Muss man mal intervenieren, geht es nicht um
Gerechtigkeit, sondern darum, zu zeigen, wie man Ruhe und
Besonnenheit in die Auseinandersetzung bringt. Oft genügt es,
allen am Streit Beteiligten mit der gleichen Aufmerksamkeit zuzuhören (verständnisvolles Brummen oder Kopfnicken). Eltern
sollten dann jedoch nicht als Richter, sondern nur als Supervi-
sor auftreten. Der wichtigste Satz, um einen Streit zu schlich-
ten, lautet: «Es ist egal, wer angefangen hat. Findet heraus, wie
ihr den Streit beenden könnt.»

Ein entschiedeneres Eingreifen ist nötig, wenn Kinder über-
einander herfallen. Bei Schubsen und Kneifen kann man eventuell ein Auge zudrücken. Aber bei Kratzen, Treten, Beißen,
Spucken, Haare reißen, Schlagen mit Gegenständen gibt's die
Rote Karte. Konsequenzen sollten deutlich machen, dass man
sich mit einem bestimmten Verhalten aus der Gemeinschaft
ausschließt: Dann wird das Abendessen vielleicht mal allein
eingenommen. Wichtig ist: Vor dem Zubettgehen muss Frieden
einkehren, damit alle gut schlafen können.

Das Gute an solchen Auseinandersetzungen ist, dass Kinder
lernen, Interessenskonflikte durchzustehen. Probleme mit Eltern und anderen Erwachsenen sind dazu weniger geeignet. Sie
haben zu viele Trumpfkarten in der Hand, und außerdem sind

Kinder von ihnen abhängig. Die Ausgangsbedingungen unter Geschwistern sind dagegen in etwa gleich, und, ganz wichtig, niemand kann sich aus dem Staub machen. Bruder und Schwester werden den Kampf weder bis zur totalen Niederlage führen noch zu schnell klein beigeben, und weil sonst keiner in Frieden weiterexistieren kann, muss es zu einer Versöhnung kommen.

Bemühungen der Eltern, Geschwister äußerlich gleich zu behandeln, sind im Übrigen selten von Erfolg gekrönt. Wenn man Geschwister gleich einkleidet oder ihnen das gleiche Spielzeug schenkt, führt die nur zu einem unüberschaubaren Berg von abgelegten, kaputten Sachen, für die der eine schon zu groß und der andere noch zu klein ist, und unter den Kindern selbst zu der unangenehmen Gewohnheit, die Besitztümer der Geschwister argwöhnisch unter die Lupe zu nehmen und auf Gleichwertigkeit hin zu überprüfen. Kinder haben Recht: Eltern können nicht fair sein. Schon allein deshalb nicht, weil Kinder nicht gleich sein wollen.

Mancher Zusammenstoß lässt sich vermeiden, wenn man eine klare Linie in punkto Eigentum zieht. Jedes Kind hat das Recht auf persönliche Dinge, die allen anderen heilig sein müssen. Jeder Verstoß wird geahndet! Das Teil muss sofort zurückgegeben werden. Können sich Geschwister darauf verlassen, dass ihre Schätze nicht angetastet werden, wühlen sie erfahrungsgemäß auch nicht in fremden Sachen.

Bleibt die «Rechtslage» unklar, ist Salomon gefragt: Das Streitobjekt wird entfernt, dann wartet man ab, bei welchem Kind die Empörung größer, nachhaltiger ist. Oder man erklärt, dass die Streithähne einen Kompromiss finden müssen, wenn sie das Teil wiederhaben wollen. Dem «Klügeren», der nachgibt, sollte man mit Anerkennung in der Stimme erklären, dass man weiß, wie schwer das ist. Bei Petzen schaltet man am besten auf Durchzug. Wenn man darauf verzichtet, dem Angeschwärzten die Leviten zu lesen, lernt der kleine Petzer, dass seinen Eltern Loyalität wichtiger ist als nebensächliche Informationen.

Hin und wieder sollten Eltern in ihren eigenen Auseinandersetzungen fünf gerade sein lassen. So bekommen Kinder mit, dass einem kein Zacken aus der Krone fällt, wenn man mal nachgibt.

Kann man Zwillinge und Drillinge wie andere Geschwister erziehen? 27

Was in jeder Familie mit mehreren Kindern die größte erzieherische Herausforderung ist, nämlich jedem Kind gerecht zu werden, ist bei Mehrlingen noch ein Stück anspruchsvoller. Individualität und Gleichbehandlung zu sichern, ist oft eine Gratwanderung. Andere Geschwister haben ja, selbst wenn sie altersmäßig sehr nah beieinander liegen, nicht die gleichen entwicklungsbedingten Bedürfnisse.

Trotz oder gerade wegen der großen Nähe müssen Mehrlinge lernen, sich als Einzelpersonen, die in einer Gruppe aufwachsen, zu sehen und Unterschiede zwischen sich und den Geschwistern zu akzeptieren. Dazu kann auch gehören, dass einer beliebter oder sportlicher ist oder besser in der Schule mitkommt. Nicht immer werden alle zwei (oder drei) zum selben Kindergeburtstag eingeladen.

Oft beobachten Mehrlingseltern, dass ihre Kinder nicht ohne einander, aber auch nicht miteinander können. Besonders oft streiten sich Mehrlinge, die ähnliche Interessen, aber unterschiedliche Begabungen haben. Damit sollten Eltern sehr sensibel umgehen. Mehrlinge können positive Effekte aus der besonderen Nähe zueinander ziehen, wenn sie nicht ständig verglichen werden.

Wissenschaftler sprechen bei Zwillingen auch vom so genannten Couple-Effekt: Der sozial Kompetentere macht alle Kontakte, der andere hängt sich immer nur dran. Oder: Ein Zwilling arbeitet in der Schule gut mit und hilft dem weniger aufmerksamen ständig aus der Patsche. Solange sich das aufmerksamere oder sozialere Kind nicht überfordert fühlt, ist das kein Grund, Mehrlinge in getrennten Kindergartengruppen oder Klassen unterzubringen – es sei denn, sie äußern von sich aus, dass sie das wollen.

Mehrlinge müssen von Anfang an nicht nur Spielsachen teilen, sondern vor allem die Aufmerksamkeit. Ihre Eltern zerbrechen sich darüber den Kopf, aber für sie ist das völlig normal. Die fehlende Zeit kompensieren sie damit, dass sie sich miteinander beschäftigen. Den meisten Mehrlingen genügt es, wenn sie ab und zu mit einem Elternteil allein sein dürfen.

Zwischen der Zwillings- und der Drillingskonstellation gibt es einen wesentlichen Unterschied. Ein Dreiecksverhältnis ist erfahrungsgemäß komplizierter als eine Zweierbeziehung. Zwillinge müssen sich immer nur auf das eine Geschwister einstellen. Drillinge wachsen damit auf, eine Wahl zu haben, ausgrenzen zu können und selber ausgegrenzt zu werden. Die Dreierbeziehung kann dadurch in den ersten zwei Lebensjahrzehnten etwas explosiver sein. Insgesamt ziehen Kinder jedoch aus dieser besonderen Geschwisterkonstellation großen Nutzen und sind oft besonders sozial, teamfähig und solidarisch.

Wie häufig sind Zwillinge?   In Deutschland ist schätzungsweise jede 50. Geburt eine Zwillingsgeburt. Zwei Drittel aller Zwillinge sind zweieiig, ein Drittel eineiig.

Warum sieht man immer mehr Zwillinge?   Weil Frauen immer später schwanger werden. Mit zunehmendem Alter nimmt die Funktionalität des Hormons FSH ab; statt einer Eizelle reifen zwei heran, die befruchtet werden können. Die Wahrscheinlichkeit für eine Zwillingsgeburt steigt auch durch Hormonbehandlungen und künstliche Befruchtung und wenn eine Frau selbst ein Zwilling ist oder es in ihrer Familie Zwillinge gibt. Die väterliche Linie spielt keine Rolle.

Sehen sich alle Zwillinge ähnlich?   Nein. Nur die eineiigen, da sie aus einer befruchteten Eizelle stammen und fast ihr ganzes Erbgut teilen. Zweieiige Zwillinge sehen sich genauso ähnlich wie andere Geschwister, eigentlich sind sie ja nur fast gleich alt.

Warum kommt es bei Zwillingen häufig zu Entwicklungsverzögerungen?   Weil Zwillinge oft zu früh geboren werden. In der Regel werden diese Entwicklungsverzögerungen im ersten Lebensjahrzehnt vollständig aufgeholt. Auch die Unterschiede in Größe und Gewicht gleichen sich meist bis zum vierten bzw. bis zum achten Lebensjahr aus.

Kinderwagen statt selber laufen lassen? 28

In Fußgängerzonen und Kaufhäusern, auf dem Wochenmarkt und im Park, überall schieben Eltern Kinder, die längst laufen können, vor sich im Kinderwagen her. Besonderer Beliebtheit erfreut sich der Joggerbuggy. Der ist, wie der Name sagt, hervorragend zum Joggen und Skaten geeignet, manche lassen sich mit ein paar Handgriffen sogar zum Fahrradanhänger umfunktionieren. Während bewegungshungrige Eltern nicht auf die tägliche Joggingrunde verzichten möchten, verbringt der Nachwuchs die Zeit im Sitzen. Nicht verwunderlich, dass es noch nie so viele motorische Störungen und Bewegungsdefizite gab wie heute. Das haben Versicherungsunternehmen herausgefunden, und die sind aufgrund ihrer Interessenlage, möglichst wenig Unfallkosten finanzieren zu müssen, eine seriöse Quelle.

Hüpfen, klettern, balancieren, auf Zehenspitzen und rückwärts gehen? Fehlanzeige. Immer mehr Kinder sind kaum noch in der Lage, alltägliche Handlungen unfallfrei auszuführen. Jedem zweiten Kindergartenkind mangelt es an Geschicklichkeit und Ausdauer. Gleichgewichtssinn und Reaktionsschnelligkeit sind schlecht entwickelt. Mehr als die Hälfte der Kinder haben Haltungsschäden, und fast jedes dritte Kind kämpft mit Übergewicht.

Laufen ist viel mehr als eine physische Fähigkeit, es ist ein Schritt ins Leben. Ohne Körpererfahrung kommt die Selbsterfahrung nicht voran. Lernt man die Welt überwiegend aus der Perspektive des Kinderwagens kennen, bleibt die Entwicklung von Selbstvertrauen, Selbstverantwortung und Selbständigkeit auf der Strecke. Laufen, Klettern, Hüpfen macht fantasievoll, belastbar und ausdauernd und sorgt dafür, dass Kinder auch seelisch nicht so leicht aus dem Gleichgewicht geraten.

Natürlich ist ein Kinderwagen praktisch. Manchmal ist er

sogar unentbehrlich, z. B. wenn man zwei Kinder unter drei hat oder wenn man nicht schwer tragen darf, wenn weite Strecken zu bewältigen sind und es mal schnell gehen muss. Ohne Buggy muss man mehr Zeit einplanen, denn mit einem Kleinkind dauert der Weg zum Supermarkt mindestens doppelt so lange. Die Welt da draußen ist nämlich spannend und will entdeckt werden. Klar, es ist manchmal etwas anstrengend, sich in den Anblick von Kastanien und verfaulten Ahornblättern zu vertiefen und sich über Zigarettenstummel, Regenwürmer und Betonmischmaschinen auszutauschen. Aber für Kinder sind diese Gespräche wichtig, weil sie ihnen die Welt erklären und dabei helfen, den Dingen einen Sinn zu geben.

Zwei- bis Dreijährige können problemlos zwei bis drei Stunden zu Fuß unterwegs sein, sagen Kinderärzte. Vorausgesetzt, man passt sich ihrem Tempo an und macht viele kleine Pausen. Und wenn es ein fahrbarer Untersatz sein muss, dann ein Dreirad, Laufrad oder Rollbrett. Das ist viel lustiger, als im Kinderwagen zu sitzen.

29 Tränen und Szenen – warum können sich Kinder so schwer trennen?

Vitali schluchzt jeden Morgen herzzerreißend an der Tür zur Kita, Mia klammert sich schreiend an ihre Mama, die auf eine Dienstreise muss. Trennungen, selbst die kurzen vorübergehenden, sind für manche Kinder nur schwer auszuhalten. Und nein, weinende, klammernde Kinder sind nicht notwendigerweise «schlecht gebunden», vielmehr sind Trennungsängste etwas ganz Natürliches.

Die Frage ist daher, wie man Trennungen so gestalten kann, dass sie einigermaßen erträglich sind. Obwohl häufig empfohlen und weit verbreitet, taugen folgende zwei Methoden eher nicht:

Appelle an die Vernunft. Wenn Eltern versuchen, die Dringlichkeit ihrer Abwesenheit vor Augen zu führen, reagieren gerade die Kinder, die ganz besonders mit Trennungsängsten zu kämpfen haben, aufgebracht. Es interessiert sie nicht die Bohne, dass man Geld verdienen muss oder nur kurz beim Arzt ist. Alles klingt wie: «Ich mache eine Weltreise und weiß noch nicht, wann ich dich wieder abhole.»

Den Abschied mit Geschenken versüßen. Es kann tröstlich sein, wenn sich ein Kind darauf freuen darf, dass Mama eine kleine Überraschung mitbringt. Regelmäßig eingesetzte süsse Tröster können jedoch den Grundstein für zukünftige Gewichtsprobleme und ein problematisches Konsumverhalten legen. Die Betroffenen müssen sich dann immer, wenn sie sich allein fühlen, Trost kaufen oder essen.

Wie kann es dann gehen?

Warten, bis das Kind so weit ist. Wann ein Kind kurze, vorübergehende Trennungen verkraftet, ist sehr unterschiedlich. Bei manchen klappt das früher, bei anderen später. Die meisten Kinder haben mit zwei, drei Jahren einen gewissen Zeitsinn entwickelt. Wenn man erklärt, dass man am Nachmittag/Abend wieder zurückkommt, wissen sie zwar nicht, wie viele Stunden bis dahin vergehen müssen, aber dass sie vergehen und vor allem, dass die Eltern wiederkommen – nach Möglichkeit pünktlich.

Vertrauen in die eigenen Fertigkeiten stärken. Die Gewissheit, ich bin nicht mehr bei allen Dingen auf Mama oder Papa angewiesen, ermutigt und schenkt Sicherheit.

Rechtzeitig vorbereiten. In der Regel genügt es, ein, zwei Tage vorher die Sprache darauf zu bringen, wenn ein Kind für ein paar Tage ohne Eltern auskommen muss. Man kann erzählen oder im Internet zeigen, wo man ist, und fragen, ob es noch etwas braucht oder wissen will.

Gewohnte Umgebung. Abends und für mehrere Tage sollte man Kinder nach Möglichkeit zu Hause betreuen lassen. Auf Fremdbetreuung plus fremde Umgebung können selbst robuste Zwölfjährige noch empfindlich reagieren. Lässt es sich nicht anders machen, sollte man versuchen, vor der Abreise ein oder zwei Tage gemeinsam dort zu verbringen. Während der Abwesenheit kann man mit Telefon oder Skype Kontakt halten. Reagiert ein Kind darauf empfindlich, spricht man lieber nur mit der Betreuungsperson.

Kurzer Abschied, unaufgeregtes Wiedersehen. Liebevoll in den Arm nehmen reicht, ohne Dramatik («Ich hab dich so schrecklich vermisst!»). Auch was sich während der Abwesenheit des Kindes zugetragen hat, sollte man nicht in allzu lebhaften Farben schildern, damit es nicht denkt, es hätte etwas verpasst.

Nach ein paar Stunden großer Freude gibt es nicht selten aus nichtigem Anlass Tränen und Streit. Das ist normal. Auf diese Weise bauen Kinder die Spannung ab, die sich während der Abwesenheit der Eltern aufgeladen hat. Auch wenn sie eine schöne Zeit hatten, sind sie einem irgendwie doch ein bisschen böse. Eltern sind eben unersetzlich.

30 Krisen und Katastrophen – was dürfen Kinder wann wissen?

Durch die Medien sehen und hören heute Kinder schon früh – fast – alles. Auf dem Weg zum Supermarkt und Kindergarten begegnen ihnen am Zeitungskiosk Schlagzeilen über Kindersoldaten, Menschenhandel und Umweltkatastrophen. Nachmittags zappen sie sich durch Talkshows, in denen es um Abtreibung, Prostitution und Kinderarmut geht – nicht selten am eigenen Fernseher.

Kinder, die mitbekommen, dass «etwas Schlimmes» passiert ist, wollen vor allem eine Antwort auf die Frage: «Kann das mir und meiner Familie auch passieren? Ist meine Welt sicher?» Die Kunst besteht darin, Fragen aufrichtig zu beantworten und gleichzeitig sein Kind zu beruhigen. Gelingt das, haben Kinder eine gute Chance, Katastrophenmeldungen zu verarbeiten. Im Übrigen sind Eltern die Gestalter des Alltags und können dafür sorgen, dass ihr Kind zumindest bei ihnen im Fernsehen nicht alles sieht.

Gegen Ende der Grundschulzeit beginnen Kinder die wirtschaftlichen, sozialenn und politischen Zusammenhänge von Konflikten und Umweltkatastrophen zu verstehen. Jetzt kann

es sinnvoll sein, dosiert und gemeinsam Nachrichten anzu-
schauen, Zeitung zu lesen, im Internet nach Hintergrundinfor-
mationen zu suchen und Bücher über Menschen zu lesen, die
sich gegen Krieg und Gewalt engagieren, z.B. über Mahatma
Gandhi, Martin Luther King, Mutter Teresa oder Nelson Mande-
la. Das erweitert den Horizont und setzt Wissen an die Stelle
von Angst. Aber auch hier gilt: keine «Katastrophen-Pädago-
gik», sondern lösungsorientiertes Denken, im Sinne von «das
kannst du und das können wir als Familie tun». Diese Haltung
lässt sich durch Engagement stärken. Kinder wollen und dürfen
mitwirken. Praktisch alle Staaten haben dies mit ihrer Unter-
schrift unter die UN-Kinderrechtskonvention festgeschrieben.
Gelegenheiten, sich zu engagieren, gibt es unter anderem bei
*www.greenpeace4kids.de, www.panfu.de, www.nabu.de, www.schueler-
helfen-leben.de, www.junicef.de*

Wie lernen Kinder, mit Geld umzugehen?   31

Wie viel kostet ein Liter Milch? Wie viel ein Kredit? Nicht mal
ein Viertel der 15- bis 18-Jährigen weiß das. Den meisten Heranwachsenden fehlt es an jeglicher Finanzkompetenz. Doch die
brauchen sie, um sich in der heutigen Welt zurechtzufinden –
mal abgesehen davon, dass der Umgang mit Geld auch einen
nicht unerheblichen Einfluss auf die Leistungsbereitschaft haben kann – und damit auf den Lern- und Schulerfolg.

Kinder sollen schon früh lernen, mit Cent und Euro umzugehen, am besten über eigenes Geld. Das Taschengeld ist kein
regelmäßiges Geschenk, sondern hat eine erzieherische Aufga-
be.

Schon mit drei, vier Jahren kann man einem Kind 50 Cent
geben und sagen: «Jetzt schauen wir mal, was du dafür bekommst.» Wenn es sich etwas aussucht, das zu teuer ist, kann es
entscheiden, etwas Preiswerteres zu kaufen oder auf das Ge-
wünschte zu sparen. Die eigene Entscheidung stärkt sein Selbstwertgefühl und damit die Fähigkeit, sich später gegenüber Peer
Group und Werbung abzugrenzen.

Was hilft, wenn Kinder das Geld mit vollen Händen ausgeben? Eine Möglichkeit ist, das Taschengeld zu splitten: Eine Hälfte steht zur freien Verfügung, die andere wird für kleine, notwendige Ausgaben zurückgelegt (zum Beispiel, um verlorene Radiergummis zu ersetzen). Ein Vorschuss wird nur ausnahmsweise genehmigt und muss auch wirklich verrechnet werden.

Bei älteren Kindern kann man das Taschengeld auch per Dauerauftrag auf ein Girokonto auf Guthabenbasis einzahlen. Der Vorteil ist, dass es so etwas umständlicher ist, an das Geld heranzukommen – vorausgesetzt, man händigt seinem Kind nicht gleich auch noch eine Bankcard aus.

Es gibt auch Eltern, die genau das umgekehrte Problem haben: Ihr Kind hortet sein Geld. Klein-Dagobert kann man ermuntern, regelmäßig einen gewissen Betrag in ein interessantes Projekt zu investieren, vielleicht in einen Fonds für bedrohte Papageien oder für ein Wüstenbewässerungsprojekt? Auf diese Weise lässt sich vermitteln, dass es klüger ist, Geld zu verwalten, statt zu horten.

Wie viel Taschengeld sollen Kinder bekommen? Hier gehen die Meinungen weit auseinander, zu unterschiedlich sind die Einkommens- und Bedarfsverhältnisse. Die folgenden Angaben sind daher allenfalls als wöchentlicher Richtwert zu verstehen; wichtig ist, dass die Auszahlung regelmäßig und über einen längeren Zeitraum konstant erfolgt:

* bis 5 Jahre: 50 Cent
* 6 Jahre: ein bis zwei Euro
* 7–8 Jahre: drei bis vier Euro
* 9–10 Jahre: vier bis fünf Euro
* 11–12 Jahre: sechs bis sieben Euro
* 13–15 Jahre: 35 bis 50 Euro pro Monat; etwas mehr, wenn auch Kleidung davon finanziert werden soll.

Ab dem 13. Lebensjahr sollten Kinder kleine Bankgeschäfte selbständig tätigen. Ein Girokonto oder Sparbuch ist ein guter Anfang. Und wenn vom Taschengeld Zigaretten oder Alkohol finanziert werden? Besser als Strafen und Taschengeldentzug ist ein Deal: «Für jeden Tag, an dem du nicht rauchst, lege ich den Betrag x auf dein Sparbuch.» Natürlich kann es passieren, dass man angelogen wird, aber die meisten Heranwachsenden sehen die Sache sportlich und halten sich an die Abmachung.

Übrigens: Es gibt kein Gesetz, das Eltern die Auszahlung von Taschengeld vorschreibt. Auch das Kindergeld gehört nicht den Kindern, sondern ist eine staatliche Leistung für Eltern.

Süßes und Pommes – muss es dauernd Streit ums Essen geben? 32

Kinder entdecken sehr bald, dass es ihre eigene Entscheidung ist, ob und wann sie essen wollen. Einen Streit darüber können Eltern eigentlich nur verlieren. Deshalb empfiehlt es sich, beim Thema Essen auf Kooperation setzen. Vor allem aber sollte deutlich werden, dass die Zeit bei Tisch ein erfreuliches Ereignis ist, das alle Familienmitglieder genießen können – auch kleine Suppenkasper. Am besten bleibt man gelassen, wenn Kinder mäkelige Esser sind. In aller Regel legt sich das irgendwann, und umso eher, je mehr man sich darauf konzentriert, gemeinsam einen wöchentlichen Essensplan aufzustellen, einzukaufen und gesund zu kochen.

Eine Regel, die früh eingeführt werden kann, ist: Alles, was auf dem Tisch steht, wird einmal probiert, nicht nur die Nudeln, auch das Gemüse. Ein Teelöffel genügt erst mal. Stellt das Kind dann fest, dass es ihm nicht schmeckt, kann man sagen: «Das ist in Ordnung. Jetzt musst du warten, bis wir gegessen haben. Vielleicht möchtest du später noch von dem Obstsalat.» Das gekochte Gericht gegen den Fruchtjoghurt aus dem Kühlschrank umtauschen, das geht höchstens im Ausnahmefall. Keine Sorge, das Kind verhungert nicht! Eltern dürfen ruhig auf die nächste Mahlzeit setzen. Damit zwischendurch nicht ständig nach Schokolade und Keksen gequengelt wird, sollte Süßes überhaupt nicht im Vorratsschrank liegen. Schon Kindergartenkinder können stattdessen ein kleines Taschengeld bekommen, das sie beim Einkauf ruhig mal in eine Süßigkeit investieren dürfen. Schulkinder kaufen Colalutscher und Chips sowieso lieber selbständig.

33 Wieso haben Kinder einen so eigenartigen Geschmack?

Erst pappen scheußliche Werbe- und Bugs-Bunny-Abziehbilder am Kinderbett, dann fliegt überall hässlicher Plastikkram herum, und schließlich verwandelt sich das hübsche Kind in eine Vogelscheuche mit blauen Haaren. Warum regt Eltern das so auf, wo doch das Kind selbst offensichtlich glücklich damit ist? Was einen auf die Palme bringt, sind weniger die Geschmacksverirrungen an sich, als vielmehr die Vorstellungen, die man mit ihnen verbindet. Geschmacksfragen gehen tiefer, als man auf den ersten Blick meint.

«Was magst du denn so am liebsten?», will die Lehrerin im Vorstellungsgespräch von der sechsjährigen Lara wissen. «Spot-Splatter-Splash-Puppen», sprudelt Lara los, «und Hello-Kitty-Taschen mag ich auch.» Peinliches Schweigen. Mit dem Platz in der Waldorfschule wird es jetzt wohl nichts.

Ob man will oder nicht: Beinahe jeder zieht Rückschlüsse vom Aussehen und Verhalten eines Kind auf dessen Eltern. Vor allem die Eltern selbst tun das. Da kann man sich hundertmal sagen «ich bin nicht mein Kind». «Selbst wenn man nicht der Versuchung erliegt, sich in unguter Verwechslung in seinem Kind wiederzufinden, und auch nicht erwartet, dass es zum getreuen Nachfolger der eigenen (unerfüllten) Wünsche wird, es bleibt die Tatsache, dass es zu einem gehört und damit ‹ein Stück von mir› ist», schreibt der Philosophieprofessor Dieter Thomä in seinem Buch «Eltern».

Diese Zugehörigkeit entsteht nicht nur aus biologischen Gründen, sondern auch dadurch, dass man sein Leben teilt. Deshalb geht es Eltern natürlich etwas an, was ihre Kinder anziehen, welche Musik sie hören, was sie lesen, womit sie spielen und welche Filme sie sich ansehen. Denn all diese Dinge formen – auch – ihre Persönlichkeit.

Trotzdem: Stil-Fanatiker sind im Kinderzimmer fehl am Platz. Kinder lieben es knallig. Das hat sogar biologische Gründe. Weil die Augen von Kindern eine höhere Reizschwelle haben als die von Erwachsenen, bevorzugen sie kräftige Farben und starke Kontraste. Und sie wollen selber ausprobieren, was sie schön finden. Ausreißer sind unvermeidlich, erlaubt, sogar ausdrücklich erwünscht.

Temperamentvoll geführte Diskussionen, welche Spiele, Filme und Musikrichtungen cool sind und welche nicht, tragen zur Persönlichkeitsbildung bei. Kinder lernen, ihre Ansichten zu vertreten, zu argumentieren («Ihr sagt doch immer, man soll nicht so oberflächlich sein und Äußerlichkeiten nicht so hoch bewerten») und finden heraus, wer sie sind und was zu ihnen passt – nicht zu ihren Eltern!

«Pubertäres» Benehmen – kommen Kinder immer früher in die Pubertät? 34

Eltern haben heute oft den Eindruck, dass die Pubertät bereits mit acht oder neun Jahren beginnt. In diesem Alter legen viele Kinder Verhaltensweisen an den Tag, die eigentlich typisch für die Gruppe der Zwölf- bis Sechzehnjährigen sind: Aufsässigkeit und Widerspruchsgeist, Stimmungsschwankungen und Launen, freche Antworten, Schlampigkeit, Selbstüberschätzung und eine äußerst anstrengende Null-Bock-Haltung.

Die späte Kindheit gilt zwar als relativ unauffällig und unproblematisch, als eine Atempause für die Eltern nach der anstrengenden Kleinkindzeit und vor den Turbulenzen der Pubertät. Tatsächlich sind die Jahre zwischen acht und zwölf aber von großen Umbrüchen begleitet, die sich auf einen einfachen Nenner bringen lassen: Großen Kindern wird es zu eng. Deshalb fordern sie energisch mehr Freiheiten, mehr Verantwortung, mehr Selbstbestimmung. Wer versucht, sie weiter «wie Babys» zu behandeln, stößt auf großen Widerstand. Dieses Verhalten zeigt sich – und das ist wichtig zu wissen – unabhängig davon, ob die eigentliche Pubertät, also die Geschlechtsreife, bereits begonnen hat. Kinder, die sich «pubertär» benehmen, sind also nicht unbedingt schon in der Pubertät.

Mit großen Kindern in der Vorpubertät, auch «kleine Pubertät» genannt, kommt man ganz gut zurecht, wenn man ihnen Großes zutraut. Sie selbst trauen sich jetzt, anders als ein paar Jahre später, eine ganze Menge zu. Zwischen acht und zwölf eignen sich Kinder selbständig erstaunliche Fertigkeiten und Sachkenntnisse an. Die späte Kindheit ist daher der beste Zeitpunkt, um neue Interessen zu wecken und alte zu vertiefen. Hobbys sind keine kindlichen Spielereien mehr, sondern «wertige», ernsthafte Tätigkeiten. Große Kinder wünschen sich, dass man sie darin ernst nimmt, ohne zugleich erwachsene Maßstäbe anzulegen.

Dabei lieben sie es, sich mit anderen, auch mit Erwachsenen, zu messen und ihre Kräfte unter Beweis zu stellen. Das zeigt sich unter anderem in einem ausgeprägten Renommiergehabe. Starke Gesten, Worte und Gefühle sind ein typischer Ausdruck dieser Altersphase. Große Kinder müssen außer Rand und Band geraten und laut sein dürfen. Beim Schreien, Lachen, Toben, Streiten, Blödeln geht es darum, ein im Wortsinn «tolles» Gefühl zu erzeugen.

Große Kinder brauchen viel Bewegungsfreiheit, Zeit für Spiel und Sport und Kontakt mit Gleichaltrigen. Dürfen sie ihre Gefühle nicht über Bewegung ausleben, tun sie sich sehr viel schwerer, emotionale Turbulenzen zu bearbeiten und zu überwinden.

Auch wenn sich Zehnjährige schon wie Teenager anziehen oder benehmen, würde es sie vollkommen überfordern, wenn man sie wie Jugendliche behandelt. Ihnen geht es darum, auszuloten, wie weit sie gehen können, wie groß ihr Freiheitsradius jetzt ist. Möglichst groß! Die meisten Kinder gehen damit erstaunlich verantwortungsvoll um, denn anders als Jugendliche stellen sie die Berechtigung von Grenzen noch nicht in Frage. Wenn sie übers Ziel hinausschießen, braucht es ein souveränes Gegenüber, das freundlich und bestimmt erklärt: Bis hierin und nicht weiter. Noch nicht.

Ist die Pubertät wirklich so schlimm?   **35**

Was kommt da nicht alles auf Eltern zu: Flatrate saufen, unmögliche Freunde, Schuleschwänzen. Brüllorgien und Misstrauen überschatten die Beziehung, und die netten Nachbarn werden nicht mehr grüßen, weil der Sprößling mit seinen Freunden Bier trinkend vor dem Haus herumlungert. Die Pubertät ein einziger Horrortrip? Das stimmt so nicht.

Vereinzelt gibt es tatsächlich Teenager, die völlig außer Rand und Band geraten, doch die Mehrheit ist «nur» anstrengend. Alles in allem handelt es sich um eine äußerst interessante, anregende Lebensphase. Heranwachsende entwickeln nicht nur eine Leidenschaft für Diskussionen, sondern oft auch ein großartiges Talent für Situationskomik. Sie verstehen nun Ironie und Wortspiele, und hin und wieder räumen sie, wenn sie sich beruhigt haben, sogar ein, dass ihre Eltern vielleicht doch Recht haben könnten.

Anderseits kann schon ein harmloses Geplauder übers Wetter eine Explosion auslösen. Nicht von ungefähr wird das Benehmen von Heranwachsenden, die um ihr neues Selbstbild kämpfen, gern mit dem von Kindern in der Trotzphase verglichen. Da ist was dran. Deshalb ist es auch eine gute Idee, genauso geduldig und zugetan zu bleiben wie damals.

Das ist nicht leicht. Nur Eltern wissen, was es heißt, in einem Teenager, der wegen einer geplatzten Verabredung herumpöbelt, kein Monster zu sehen, sondern ein unsicheres Wesen, das Nachsicht und Trost braucht. Es kostet Kraft, über die Launen und das merkwürdige Aussehen hinwegzusehen, aber es lohnt sich. Die Energie, Fantasie, Albernheit und Risikofreude Heranwachsender geben auch Eltern neuen Schwung.

Als «Oberindianer», die alles wissen, sind Eltern jetzt nicht mehr gefragt, dafür als Gesundheits-, Bildungs- und Finanzberater – wobei sie sich auch ungefragt einmischen dürfen. Es gibt keinen vernünftigen Grund, zuzuschauen, wie sich ein Teenager in Schwierigkeiten bringt.

Teenager brauchen keine coolen Moms und Dads, sondern Eltern, die kompetent und sensibel agieren, die vernünftige Rat-

schläge und keine Befehle erteilen, die ihre Verbündeten sind,
wenn sie sich in Schwierigkeiten gebracht haben, die ihnen
nicht nach dem Mund reden und einen Standpunkt vertreten,
ohne das Ruder an sich zu reißen. Auch wenn mal etwas in die
falsche Richtung geht, das vorrangige Ziel der Heranwachsenden ist mehr Selbständigkeit, mehr Unabhängigkeit, mehr Freiheit.

36 Kaufen und Konsum – muss ich jeden Wunsch erfüllen?

Kinder haben viele Wünsche – und manchmal jede halbe Stunde einen anderen. Unmöglich, sie alle zu erfüllen, selbst wenn
man das Geld hätte. Das ist auch nicht nötig. Wichtiger ist, dass
Kinder erleben: Jeder Wunsch ist berechtigt, aber nicht jeder
wird erfüllt. Wenn man erst drei oder vier ist, kann man das
natürlich noch nicht ohne weiteres tolerieren. Deshalb ist es
wichtig, Kinderwünsche grundsätzlich zu bejahen. Man kann
beispielsweise sagen: «Das hätte ich auch sehr gern gehabt, als
ich klein war.» So fühlen sich Kinder verstanden und wertge-
schätzt. Sie bekommen die Sache an sich vielleicht nicht, aber
dafür etwas auf immaterieller Ebene. Das nimmt Druck weg,
und man kann darüber ins Gespräch kommen, ob das Stofftier
wirklich sein muss oder ob man noch warten kann.

Weniger günstig sind Erklärungen wie, «dafür haben wir
kein Geld» oder «das kann ich mir nicht leisten». Unbewusst
setzt sich bei Kindern der Gedanke fest, ‹hier herrscht Mangel,
wir sind arm dran›. Das verstärkt in aller Regel nur den Zwang
zum Konsumieren. Jüngere Kinder können auch noch nicht
beurteilen, ob sich dieser Mangel auf alle Lebensbereiche be-
zieht oder nur auf den finanziellen. Sie denken dann, dass ihre
gesamte Lebenssituation gefährdet ist, und bekommen Angst.
Besser sind Formulierungen wie «das möchte ich zu diesem
Preis nicht kaufen». Dann liegt die Eigenschaft bei dem Gegenstand, nicht bei den Eltern bzw. deren Portemonnaie. Ältere Kinder können sich solche selbstbewussten Formulierun-

gen ‹leihen› und sich damit besser in der Peer Group behaupten.

Zu gewissen Dingen wird man auch Ja sagen, selbst wenn sie einem weniger zusagen. Wenn ein Zehnjähriger dringend metallic glänzende Turnschuhe braucht, die alle in seiner Clique haben, kann man erklären: «Mein Geschmack ist das nicht, aber als ich jung war, fanden meine Eltern meine Schuhe auch nicht toll. Das muss jetzt wohl sein. Wie viel kannst du beisteuern?»

Nicht selten steckt hinter einem Wunsch etwas ganz anderes als das, was man auf den ersten Blick meint. Häufig und typisch: Das Kind möchte einen eigenen Fernseher in seinem Zimmer. Spontan ist man versucht zu sagen: «Kommt nicht in Frage!» Doch damit ist die Sache in aller Regel nicht vom Tisch. Vielmehr wird das Kind weiterhin nerven, das Thema Fernsehen wird mehr Bedeutung bekommen, als einem lieb ist, und eines Tages wird man womöglich kapitulieren und ihm das Ding ins Kinderzimmer stellen. Damit das nicht passiert, kann man sagen: «Du möchtest einen eigenen Fernseher? Wie möchtest du ihn finanzieren? Was denkst du, wie sich das auf deine Hobbys auswirkt? Deine Schlafgewohnheiten? Unser Familienleben?» Dann heißt es zuhören. Anschließend kann man die eigenen Bedenken vortragen, über den Etat sprechen, den man für Geschenke vorgesehen hat, und nicht gleich ja oder nein sagen, sondern: «Das Thema ist wichtig, ich muss darüber nachdenken. Wir sprechen wieder darüber.»

Es geht nicht darum, die Sache so lange hinauszuzögern, bis ein Kind entnervt aufgibt, sondern den wahren Motiven auf die Spur zu kommen. Vielleicht möchte das Kind eigentlich nur mehr Unabhängigkeit und Mitspracherecht bei der Auswahl der Fernsehsendungen, und da lassen sich bestimmt Kompromisse finden. Manchmal stellt sich auch heraus, dass ein Kind nur deshalb einen eigenen Fernseher will, weil seine Eltern jeden Abend davor sitzen, statt sich mit ihm zu beschäftigen.

Umgang mit anderen Kindern

37 Wann und wie lernen Kinder, respektvoll miteinander umzugehen?

Aus der Entwicklungspsychologie weiß man, dass es zwei Arten von Empathie gibt: eine emotionale Reaktion auf andere, die sich in den ersten sechs Lebensjahren entwickelt, und eine kooperative Reaktion, die festlegt, bis zu welchem Grad ein Kind den Standpunkt oder die Perspektive von jemand anderem einnehmen kann. Die meisten Kinder sind dazu mit vier, fünf Jahren in der Lage. In diesem Alter beginnen sie zu verstehen, dass es unfair ist, jemanden beispielsweise wegen seines Aussehens zu hänseln. «Weil er ja nichts dafür kann».

Auch wenn Kinder in ihrer Empathiefähigkeit unterschiedlich veranlagt sind, können alle den einfühlsamen und respektvollen Umgang mit anderen lernen – von ihren Eltern. Wenn ein Kind nicht spürt, dass für seine Eltern Respekt gegenüber anderen Menschen selbstverständlich ist, können diese hundertmal mahnen, dass man nicht «Fettsack» sagen darf, es wird das trotzdem immer wieder tun.

Für den respektvollen, freundlichen, toleranten sprachlichen Umgang gibt es ein paar einfache Regeln:

Keine Verallgemeinerungen. «Die» Moslems, «die» Juden, «die» Polen gibt es ebenso wenig wie «die» Homosexuellen, «die» Behinderten oder «die» Männer. Man sollte sich auch nicht anmaßen, über «die» Bescheid zu wissen, nur weil man eine schlechte Erfahrung gemacht hat. Natürlich darf man sich kritisch äußern. Toleranz heißt nicht, dass man schlechtes Benehmen, Respektlosigkeit und Grenzverletzungen akzeptieren muss. Aber die Kritik sollte respektvoll und differenziert ausfallen.

Keine abfälligen Bezeichnungen. «Paki» ist nicht lustig. Auch nicht, wenn Stand-up Comedians behaupten, das laufe unter Satire. Ebenso die Bezeichnungen «Homo», «Spasti» und «Jude», die man leider immer öfter hört. Man kann anders darüber denken, aber die eben genannten Ausdrücke haben eine andere Qualität als «blöde Kuh» oder «Idiot».

Keine Betonung von religiösen, ethnischen und nationalen Unterschieden. Wenn ein Kind mit einem neuen Freund auftaucht, ist es erst mal völlig unwichtig, ob er Moslem ist oder einen deutschen Pass besitzt. Das wird das Kind schon früh genug herausfinden, und wenn es glaubt, dass es wichtig ist, wird es das mitteilen.

Weniger Oberflächlichkeit. Um einen Menschen und sein Verhalten zu beschreiben, muss man keine äußeren Merkmale heranziehen. Bemerkungen wie «bei dieser Figur ist es ein Wunder, dass sie überhaupt die Treppe raufkommt», saugen Kinder auf wie ein Schwamm, und am Ende kommt «Fettsack» heraus.

Phasenweise «experimentiert» fast jedes Kind mal mit Herzlosigkeiten. Vor allem unter den Acht- bis Zwölfjährigen kursieren eine Menge Witze, die sich über bestimmte Menschengruppen lustig machen. Kinder müssen gewisse Untiefen zunächst ausloten, um ein Gespür für respektvollen, einfühlsamen Umgang zu bekommen. Der ist ja nicht angeboren. Ohne die Moralkeule zu schwingen, kann man erklären, warum bestimmte Menschen gute Gründe haben, sensibler als andere auf gewisse «Späße» zu reagieren, und dass es selbstverständlich ist, darauf Rücksicht zu nehmen.

Wenn es immer wieder zu «Ausreißern» kommt, muss man sich an einen Kindertherapeuten wenden. Kinder, die andere immer wieder attackieren, fühlen sich nicht genug angenommen und versuchen ihr geringes Selbstwertgefühl dadurch zu kompensieren, dass sie andere herabsetzen.

Meins! Wie lernt mein Kind teilen? 38

Kleine Kinder wollen überhaupt nicht teilen. Weder ihre Eltern noch ihre Spielsachen. Erst recht nicht, wenn man ihnen gut zuredet. Fühlen sie sich gedrängt, zu teilen und nachzugeben, klammern sie sich umso verbissener an ihr Eigentum. Dass Einzelkinder oft weniger egoistisch sind als Kinder mit Geschwistern, hängt auch damit zusammen, dass sie nicht von klein auf unter dem Druck stehen, selbstlos und großzügig sein zu müssen.

Teilen lernen ist etwas, das über viele Jahre vermittelt und geübt werden will. Bevor ein Kind etwas freiwillig hergeben kann, muss es erst mal lernen, etwas festzuhalten. Das heißt, es muss sicher sein, ‹das Auto bleibt mein Eigentum, auch wenn ich es jemand anderem zum Spielen gebe›.

Das ist ein relativer komplexer Gedankengang. Die meisten Kinder können erst teilen, wenn sie den abstrakten, mathematischen Vorgang des Dividierens begreifen, also etwa mit acht Jahren. Bis dahin sollte man Kinder nicht zum Teilen zwingen, sondern lieber die Gelegenheit ergreifen, das freundliche Miteinander zu fördern: «Darf Janina die Barbie haben, solange du mit den Playmobilfiguren spielst?» «Theo möchte mit dir spielen. Kannst du ihm etwas geben?» Oder: «Verteile die Erdbeeren auf vier Teller, so, dass jeder gleich viele bekommt.»

Teilen kann man auch übers Tauschen üben. «Lara kriegt meine Schaufel, ich ihren Ball.»

Damit nicht jeder Kinderbesuch zu Dramen führt, bespricht man am besten vorher, welche Spielsachen ein Kind teilen will und welche nicht. Letztere packt man so lange weg. Gibt es trotzdem Streit, kann man beiden Kindern eine Alternative anbieten: «Du kannst mit der Tankstelle spielen und du die Holzeisenbahn aufbauen.» Lässt sich das Problem nicht lösen, nimmt man das «Objekt der Begierde» an sich und spielt mit beiden Kindern etwas, wozu man keine Gegenstände braucht. Zum Beispiel Fangen.

Falls sich ein Kind an einem Spielzeug festklammert, das nicht ihm gehört, erklärt man: «Das rote Rennauto ist toll, aber es gehört deinem Freund und muss mit ihm nach Hause.» Will es das Teil partout nicht hergeben, entwendet man es ihm möglichst sanft und bietet eine andere Beschäftigung an. Das mag einem sehr nachsichtig vorkommen, aber schimpfen wäre sinnlos. Je machtloser sich ein Kind in einer Teil-Situation fühlt, desto heftiger klammert es sich erfahrungsgemäß an «seins». Oder es resigniert und grollt, was ebenfalls nicht dazu beiträgt, dass es das freiwillige Teilen lernen wird.

Auf jeden Fall sollte man Eigentum klar zuordnen, auch in der Familie: «Der Laptop gehört Mama, den fasst du nicht an. Das ist Papas Kamera. Dir gehören die Legos. Das Memory gehört allen.»

Auf diese Weise lernen Kinder allmählich, ihre eigenen Bedürfnisse und die von anderen im Auge zu behalten. Wenn sie in die Schule kommen, werden ihnen Freundschaften ohnehin wichtiger als Gegenstände.

Gibt es ein Mittel gegen Eifersucht und Neid? 39

Neid und Eifersucht gehören zu den gesellschaftlich am wenigsten akzeptierten Gefühlen, wissen Sozialpsychologen. Aber zu denen, die fast jeder kennt. Es ist vermutlich kein Zufall, dass dieses Thema in der Bibel sehr häufig behandelt wird.

Neid und Eifersucht lassen sich nicht einfach zum Verschwinden bringen, indem man sie ignoriert, verbietet oder als kindisch abtut. Kinder müssen lernen, konstruktiv damit umzugehen, zumal es sich um ziemlich explosive Empfindungen handelt.

Neid und Eifersucht sind aber auch wichtige Entwicklungsschritte in Richtung Individualität. Über den Vergleich mit anderen bekommen Kinder ein realistisches Bild ihrer eigenen Leistungen, Begabungen und Fähigkeiten. Sie finden heraus, welche Position sie in der Gemeinschaft einnehmen und wo sie ihre Fähigkeiten sinnvoll einsetzen können. Dabei lernen sie, dass Begabungen und Sympathien manchmal genauso ungleich verteilt sind wie materielle Güter.

Die Auseinandersetzungen, die damit einhergehen, sind eine gute Gelegenheit, zu lernen, wie man Interessenskonflikte durchsteht, und zu erkennen, dass man nicht alle Dinge willentlich steuern kann. Nicht zuletzt können Neid und Eifersucht auch ein Motor sein, sich anzustrengen.

Eltern halten sich aus Rivalitäten möglichst heraus. Auf keinen Fall sollten sie Partei ergreifen. Von Diplomaten weiß man, dass das Wichtigste an ihrer Arbeit ist, stundenlang beifällig zu nicken, während ihnen verbohrte Politiker ihre Lebensphilosophien unterbreiten. Am besten hält man es genauso. Letztlich geht es nicht darum, ob Anton ein größeres Stück von der Pizza bekommen hat als Anna, sondern darum, dass sich beide verstanden und in ihren individuellen Bedürfnissen anerkannt fühlen.

Manchmal will ein Kind auch wissen, warum Elisa immer von allen Kindern zum Geburtstag eingeladen wird und es selber nicht. Hier gibt man die Frage besser zurück («was denkst du denn?») statt zu sagen «Elisa ist nur beliebt, weil sie anderen Kindern dauernd Geschenke macht». Das mag sein, aber es ist besser, wenn ein Kind das selbst herausfindet.

Kindern, die sich gern mit anderen messen, tut Sport besonders gut. Mannschaftssportarten geben Raum für Rivalität und Konkurrenz und lenken diese in kontrollierte Bahnen. Es gibt Regeln, an die sich alle halten müssen und die dafür sorgen, dass Gefühle wie Triumph oder Wut in Schach gehalten werden.

40 Verliebt? Im Kindergarten?

Kinder verlieben sich ständig. In eine kleine Katze. In einen Baum. In die hübsche Erzieherin, in den sportlichen Cousin. Weil sie ganz besonders empfänglich und fähig sind, grundlegende Lebensgefühle in ihrer ganzen Farbigkeit und Intensität zu empfinden. Begeistert schwärmen sie, wie toll der Cousin Fußball spielen kann, wie lustig die Erzieherin ist und wie gut sie riecht.

Kinderverliebtheit hat nichts gemein mit der Verliebtheit, wie sie Teenager oder Erwachsene verstehen. Es verwirrt Kinder, wenn Erwachsenen sie auf dieser Ebene necken. Ihre Schwärmerei ist in gewissem Sinn eine Erweiterung der Liebe zu den Eltern. Kinder zeigen damit, dass sie fähig sind, Zuneigung zum Ausdruck zu bringen, und zwar für einen Menschen außerhalb der Familie. Diese Fähigkeit dürfen Eltern nach Kräften fördern. Sie ist Ausdruck von emotionaler Stabilität und einer gewissen Reife.

Ab wann brauchen Kinder Freunde?   41

Zunächst brauchen Kinder Spielkameraden, wobei bis zum
dritten Geburtstag mehr neben- als miteinander gespielt wird.
Erst im Kindergartenalter wenden sie sich bewusst Kindern zu,
die ein ähnliches Temperament und gleiche Interessen haben.
(Das Geschlecht spielt erst im Vorschulalter eine Rolle.)

Kinder brauchen Freunde, nicht, um soziale Fähigkeiten zu
trainieren – das ist nur ein Nebeneffekt–, sondern weil Freundschaften das Kinderleben bereichern mit Lachen, Abenteuern,
Glücksmomenten. Ein Kind ohne Freunde ist ein trauriges Kind.

Deshalb brauchen Kinder auch rechtzeitig Unterstützung,
wenn sie sich schwer tun, Anschluss zu finden, etwa nach einem
Umzug, Kindergarten- oder Schulwechsel. Manche manövrieren
sich durch ein dominantes Verhalten in eine Außenseiterposition. Hier kann man beispielsweise erklären, warum es auch unter
Kindern wichtig ist, Regeln zu akzeptieren und mal nachzugeben. Wenn Kinder von Streitigkeiten oder Enttäuschungen berichten, genügt es fast immer, zuzuhören und Anteilnahme zu
zeigen. Schließt man sich den Klagen an oder bestärkt sie in einer
negativen Meinung, tut man ihnen keinen Gefallen.

Bis ins Kindergartenalter kann man Freundschaften noch
ganz gut lenken. Schüchterne, unsichere Kinder bringt man am
besten mit ruhigen, besonnenen Kindern zusammen, temperamentvolle mit wilden.

Spätestens ab Schulbeginn suchen sich Kinder ihre Freunde
selbst aus, und das ist gut so. Der eine oder andere wird den Eltern vielleicht nicht zusagen, aber grundsätzlich gilt: Wenn
man sich keine Sorgen über das Verhalten seines eigenen Kindes machen muss, muss man sich auch nicht wegen «falscher»
Freunde ängstigen. Falls sich ein Kind von unguten Verhaltensweisen «anstecken» lässt, spricht man mit allen Beteiligten darüber und macht deutlich: «Ich mache dich für dein Verhalten
verantwortlich, nicht für das deines Freundes.»

Ältere Kinder wissen manchmal nicht, wie man sich aus einer
schwierigen Freundschaft zurückziehen kann. Vielleicht hilft
hier der Tipp: «Du kannst deinem Freund sagen, ‹ich mag dich,

aber ich mag nicht, was du machst. Ich treffe dich, wenn wir etwas unternehmen, das mich interessiert›.» Geraten Kinder durch einen problematischen Freund immer wieder in ungute Situationen, muss man behutsam herausfinden, was dahintersteckt. Manchmal reizt sie die Herausforderung, die ihnen in ihrem zu sehr behüteten Alltag fehlt. Manchmal fühlen sie sich für den anderen verantwortlich, wissen aber nicht, wie sie ihm beistehen können, ohne es ihm gleichzutun. Falsche Freunde zu verbieten ist schwierig, wenn nicht unmöglich. Erfahrungsgemäß schweißt man auf diese Weise die Kinder nur noch mehr zusammen.

Kinder wissen noch nicht, dass man auch danach beurteilt wird, mit welchen Menschen man sich umgibt, dass die Wahl der Freunde das Leben beeinflusst. Das können sie von Eltern erfahren, die ihnen ohne moralischen Zeigefinger erzählen, wie sich ihre Freundschaften auf ihr Verhalten und ihr Leben ausgewirkt haben und auswirken.

42 Können Geburtstagspartys Kinder *und* Eltern glücklich machen?

Ja, das geht. Eine Party in drei Akten:

1. Akt: Die Geschenke Früher wusste oder ahnte man zumindest, dass Schenken und Geschenke etwas Magisches haben. Geschenke wurden daher nicht einfach nur überreicht, sondern dem Beschenkten an Arme oder Körper gebunden. Dazu gehörte die Vorstellung, dass sich die Kraft der Geschenke und guten Wünsche unmittelbar mit dem Beschenkten verbinden. «Angebinde» sagte man auch zu einer solchen Gabe. Geschenke wollen also sorgfältig ausgesucht sein. Auf einen Geburtstagstisch gehören neben Kuchen, Kerzen und Blumen nicht mehr als sieben Geschenke. Darunter dürfen ruhig auch nützliche Dinge sein wie neue Sandalen oder Stifte für die Schule. Und was schenken die Freunde? Eine Geburtstagsfeier ist keine Prestigeveranstaltung. Gäste, die mit 50-Euro-Geschenken anrücken, sind keine Freude, sondern eine Zumutung. Auf der Einladung kann man vermerken, dass die kleinen Gäste bitte in prak-

tischer Kleidung kommen und statt eines Geschenks eine Spiel-
idee mitbringen oder etwas zum Büffet beisteuern sollen. Oder
man regt an, dass sich die Eltern der Gastkinder zusammentun
und dem Geburtstagskind gemeinsam einen Wunsch erfüllen.

2. Akt: Die Gäste   Irgendwo im Freundes- oder Verwandten-
kreis muss ein Teenager oder ein jung gebliebener Onkel existie-
ren, der alle Spiele kennt, sich nicht aus der Ruhe bringen lässt,
der alles mitmacht und schüchterne und schlecht gelaunte
Kinder mitzieht. Er gehört unbedingt mit auf die Gästeliste.
(Am besten macht man sich rechtzeitig auf die Suche.) Zu den
anderen Gästen: Kein Kind hat zwanzig beste Freunde. Experten empfehlen: einen Gast für jede Kerze auf dem Geburtstags-
kuchen. Kinder brauchen bei der Gästeliste – dezent – Beratung.
Damit Stimmung aufkommt und nicht sofort Randale aus-
bricht, sollte man ruhige und temperamentvolle Kinder mischen.

3. Akt: Das Fest   Der klassische Kindergeburtstag bekommt
erst Bedeutung, wenn das Kind erste Sozialkontakte knüpfen
kann, also mit Beginn der Kindergartenzeit. Bei den Ein- bis
Dreijährigen reicht es, Geschenke auszupacken und mit Luft-
ballons und Kuchen innerhalb der Familie, vielleicht mit Oma
und Opa, zu feiern. Das ist Aufregung genug.

Auch bei Kindergartenkindern hält man die Party möglichst
schlicht. Am besten organisiert man sie rund um ein paar bekannte Spiele, die man nicht lange erklären muss: Kartoffellauf,
Orangentanz, Reise nach Jerusalem, Würstchen-Schnappen
und Wasserballonwerfen sorgen für großen Spaß. Damit man
sich zwischen den Spielen um das Büffet kümmern kann, stellt
man eine Verkleidungskiste, Mal- und Zeichenmaterial oder ein
paar robuste Musikinstrumente zur Verfügung (Trommel, Tri-
angel, Flöte, Mundharmonika.)

Bei den Sechs- bis Zehnjährigen sind Themenpartys beliebt.
Am besten entscheidet man sich für ein Thema, für das sich das
Geburtstagskind und seine Freunde im Augenblick besonders
interessieren: Wasser, Pferde, Dinosaurier oder Autos.

Da das Geburtstagskind ja ein Jahr älter wird, sollte man seine wachsenden Fähigkeiten bei der Gestaltung der Feier berücksichtigen. Mit sechs können Kinder eine einfache Schnitzeljagd machen, mit acht eine Radtour oder Ralley, mit neun eine Übernachtung im Zelt, mit zehn eine Nachtwanderung mit Fackeln und mit zwölf vielleicht eine Kanu-Tour. Bei den Zwölf- bis Vierzehnjährigen kommen Softball-Turniere und Spielnachmittage mit Balderdash oder Tabu gut an.

Übrigens: Sogenannte Goody-bags kann man ersatzlos streichen. Sonst ist man bald bei iPods und Kaschmir-Socken. Wenn es wirklich nicht ohne geht, packt man selbst gebackene Kekse ein oder gibt eine Tüte Popcorn mit.

Beinahe unvermeidlich ist es, dass die Kinder irgendwann wild zu toben, wenn nicht zu randalieren beginnen. Mit ein paar Tricks kann man die Party aber einigermaßen im Griff behalten: Büffet bzw. Kuchentafel nach der ersten großen Spielrunde eröffnen. Wenn die Kinder abgefüttert sind, für die Kleinen Kasperltheater vorführen oder eine Geschichte vorlesen. Ältere Kinder amüsieren sich bei einer kurzen DVD. Danach beginnt die zweite Spielrunde mit ruhigeren Spielen, Scharaden oder Quiz. Nach etwa vier Stunden sollten sich die Gäste verabschieden bzw. abgeholt werden, damit noch ein, zwei Stunden bleiben, um den großen Tag mit Eltern und Geschwistern ruhig ausklingen zu lassen.

43 Ausgegrenzt, gehänselt, gemobbt. Wie hilft man einem Außenseiter?

Fast jedes Kind macht Phasen durch, wo es nicht so beliebt ist wie andere oder Schwierigkeiten hat, Anschluss zu finden. Das ist hart, aber zunächst kein Grund, sich Sorgen zu machen. Anders sieht es aus, wenn ein Kind über Monate keinen Kontakt findet. Fast immer geht es um Andersartigkeit in Aussehen oder Charakter. Mal ist es die Brille, mal Unsportlichkeit, mal Gewichtsprobleme, mal Sprach- oder Verhaltensschwierigkeiten. (Falls sich ein Kind nicht altersgerecht ausdrücken kann, wendet man sich möglichst bald an einen Logopäden.)

Ausgegrenzte Kinder können selten äußern, dass sie Kummer haben. Wichtig ist daher, auf diese Signale zu achten:

Das Kind wird selten angerufen, trifft keine Verabredungen, wird nicht eingeladen. Es zieht sich zurück, wirkt traurig, abweisend, ängstlich, unsicher. Es ist häufig krank, meist mit diffusem Bauch- oder Kopfweh. Es weigert sich, in die Schule zu gehen oder an einem bestimmten Unterricht teilzunehmen. Es versucht, Freundschaften mit Geschenken, Geld oder Gefälligkeiten zu kaufen. Damit kann es sich in echte Gefahr bringen. Es kommt immer wieder vor, dass Kinder erpresst, genötigt oder mit falschen Versprechungen in äußerst ungute Situationen gelockt werden.

Da Mobbing immer die ganze Gruppe oder Klasse betrifft, setzt man sich möglichst rasch mit Klassenlehrer, Schulleitung und Schulpsychologen in Verbindung. Das betroffene Kind muss jedoch sicher sein, dass man das Vorgehen mit ihm bespricht und seine Nöte sensibel und diskret behandelt.

Nicht hilfreich ist es, zu suggerieren, die anderen seien es nicht wert, umworben zu werden («du bist eben intelligenter, sensibler, lieber als andere»). Kinder brauchen die Zuneigung, Anerkennung und Freundschaft von Gleichaltrigen dringend, weil sie ihnen das Gefühl gibt, ‹ich bin richtig, so wie ich bin – als Kind›.

Isolierte Kinder leiden oft nicht nur unter einer emotionalen, sondern auch unter einer körperlichen Abwehrschwäche. Die kann mit Sport ganz gut «kuriert» werden. Meist werden Kampfsportarten empfohlen, aber Schwimmen, Hip Hop oder Hockey passen oft viel besser.

In jedem Fall müssen Eltern fest hinter ihrem Kind stehen. Weder sie noch ihr Kind haben Schuld. Dennoch ist es hilfreich, die spezifische Andersartigkeit zur Kenntnis zu nehmen – nicht zu bewerten! Am besten betont man Stärken und sucht nach Gelegenheiten, wo ein Kind außerhalb der Schule seinen Interessen nachgehen kann, zum Beispiel in einem Schach- oder Computerclub, in einer Theatergruppe oder Natur- oder Tierschutzorganisation. Über gemeinsame Hobbys lassen sich gut Brücken zu anderen Kindern bauen.

Andersartigkeit kann auch ein Privileg sein. Möglicherweise ist das betroffene Kind tatsächlich besonders empfindsam und klug, vielleicht hat es besondere Talente und ausgefallene Interessen. Unangepasstes Verhalten geht oft mit großer Intelligenz und Kreativität einher. Wissenschaftler vermuten, dass diese Kinder ihre rechte Gehirnhälfte intensiver nutzen. Wer zeitweise mit einer Außenseiterposition fertigwerden muss, ist überdies autarker. Das gilt insbesondere für Mädchen. Bei einer Untersuchung der Lebenswege besonders erfolgreicher Frauen ließ sich feststellen, dass sie selten zu den umworbenen «Stars» in der Peer Group gehörten. Zum Ausgleich suchten sie sich Nischen, wo sie in Ruhe sie selbst sein konnten. Sie lasen viel oder schlossen sich Gruppen an, in denen gemeinsame Interessen wie Musik, Kunst oder Naturwissenschaft im Vordergrund standen.

44 Die anderen haben, können, dürfen ... Was tun, wenn die Peer Group mein Kind unter Druck setzt?

Zwar heißt es bei Wilhelm Busch, «er fühlte sich wie neu gestärkt, als er so viel Geld bemerkt», doch solch ein besseres Selbstwertgefühl ist nur von kurzer Dauer – sagen jedenfalls Wirtschaftsexperten und Glücksforscher. Die finanzielle Situation trägt nur unwesentlich zur Lebenszufriedenheit bei. Wer den Jackpot knackt, ist sechs Monate nach dem großen Coup wieder genauso glücklich bzw. unglücklich wie davor. Dauerhafter ist das Glück, wenn man sein Geld für andere ausgibt. Vielleicht stiften Bill Gates und Warren Buffet deshalb einen Großteil ihres Vermögens für wohltätige Zwecke. Vielleicht liegt es auch daran, dass Geld eher fragwürdige Eigenschaften begünstigt: Faulheit, Oberflächlichkeit, Egoismus und das Misstrauen, betrogen und nicht um seiner selbst willen geliebt zu werden.

Aber wie erklärt man das einem Kind, das gerade heftig von einem iPhone träumt? «Alle in meiner Klasse haben eins, nur ich nicht...» Kein Wunder, dass immer mehr Kinder und Jugendliche klauen wie die Raben. Bei der Ursachenforschung weisen Sozial- und Markforscher gern darauf hin, dass der Druck in

erster Linie von der Peer Group ausgeht, wobei die wahren Verursacher gnädig ausgeblendet werden. Mit mehr als 15 000
Werbespots monatlich baut das Fernsehen äußerst erfolgreich
das Markenbewusstsein von Kindern und Jugendlichen auf.

Am besten reagiert man gelassen. Das ist nicht so leicht, vor
allem dann nicht, wenn man sich teure elektronische Spielereien und Wochenendtrips nach Disneyworld Paris sowieso nicht
leisten kann. Dann schleicht sich leicht ein gereizter Unterton
ein, der dazu führen kann, dass es richtig kracht. Hier hilft nur
eines: Verständnis und die Besinnung auf eigene Werte. Dann
kann man einem Kind den Rücken stärken und ihm helfen, etwas Gleichwertiges mit Witz, Kreativität und Fantasie zu bekommen. Manchmal muss man Kinder auch daran erinnern,
was sie schon alles haben: Geschwister, Eltern, die Spaß verstehen, eine schmusige Katze, einen Opa, der phantastisch Blitzschach spielen kann …

Natürlich kann man auch mal einen Wunsch erfüllen. Man
sollte dann aber klären, ob damit das Problem «Alle haben …»
erledigt ist. Wenn wenig später schon wieder etwas Neues angesagt ist, bespricht man am besten, inwieweit das Kind gewillt
ist, sich an der Finanzierung von einem angeblichen Must-have
zu beteiligen, und zwar ernsthaft.

Ältere Kindern darf man ruhig auch ein bisschen auf die
Schippe nehmen: «Deine Freunde finden also, dass du unbedingt ein Smartphone und eine Longchamps-Tasche brauchst.
Dann sind sie sicher bereit, dir diese Dinge zu finanzieren. Du
kannst das Geld von ihnen ja schon mal einsammeln, ich steuere dann den gleichen Betrag bei.»

Solidarität mit anderen, die auch nicht alles haben oder dürfen, hilft ebenfalls. Wenn Kinder immer wieder damit hadern,
dass ihre Eltern bestimmte Dinge nicht finanzieren oder erlauben wollen, sucht man am besten den Schulterschluss mit anderen Eltern, insbesondere wenn es um Dinge geht, die angeblich alle dürfen, wie etwa Party machen bis nach Mitternacht,
selbstverständlich auch unter der Woche. In aller Regel stellt
sich heraus, dass es sich allenfalls um eine Minderheit handelt.

Mädchen und Jungen

45 Wie unterschiedlich sind Mädchen und Jungen?

Mädchen und Jungen sind sich ziemlich ähnlich. Beide lieben Fußball und Harry Potter, tragen Jeans und manchmal denselben Vornamen. Die meisten Eltern sind sich einig, dass das Geschlecht, wenn überhaupt, nur eine untergeordnete Rolle spielt. Aber es spielt eine.

Vor einigen Jahren haben Wissenschaftler die Methode des «Brain Imaging» entwickelt, mit dessen Hilfe sich Hirnstrukturen und Aktivierungsmuster visualisieren lassen. Dabei entdeckten sie, dass männliche und weibliche Gehirne unterschiedlich beschaffen sind und unterschiedlich funktionieren.

Fest steht auch, dass Jungen bei der Geburt weniger reif und daher anfälliger für Krankheiten und Entwicklungsstörungen sind. Mädchen wiederum sind robuster, lassen sich leichter beruhigen und fangen früher an zu sprechen. Jungen sind zwar insgesamt aktiver, aber auch nervöser und aggressiver. Sie organisieren sich gern in hierarchisch strukturierten Gruppen und treten wettbewerbsorientiert und dominant auf. Mädchen scheinen dagegen ängstlicher zu sein. Sie weinen und erschrecken sich schneller, scheuen Risiken und reagieren auf Stress mit körperlichen Symptomen wie Herzklopfen oder Bauchweh.

Auch die feinmotorischen Fähigkeiten, die vor allem beim Schreibenlernen eine Rolle spielen, sind unterschiedlich ausgebildet. Forscher führen das darauf zurück, dass sich Jungen zu grobmotorischen Spielarten hingezogen fühlen und beispielsweise lieber Ball spielen als Perlen auffädeln.

Keine der genannten Beobachtungen muss jedoch auf den einzelnen Jungen oder das einzelne Mädchen zutreffen. Sie bezeichnen lediglich Tendenzen, die sich im Lauf der Jahre durch soziale Faktoren verstärken können. So wird bei weiblichen Babys zwar tatsächlich das Sprachzentrum früher aktiv, allerdings

sprechen Eltern in der Regel auch mehr mit ihnen. Die Sprach-
fertigkeit der Mädchen wird also von Natur und Umwelt gefördert. Andererseits sind Mädchen zunächst mal keineswegs
ängstlicher als Jungen, aber viele werden es, weil Eltern ihre
Töchter mehr beschützen als ihre Söhne. Und dass Mädchen
fürsorglicher und sozialer zu sein scheinen, führen Forscher darauf zurück, dass sie traditionell mehr Gelegenheit haben, diese
Eigenschaften zu leben, während Jungen ermuntert werden,
sich durchzusetzen und ihre Kräfte zu messen.

Grundsätzlich sind Mädchen genauso wie Jungen in der
Lage, sich die bevorzugten Eigenschaften des jeweils anderen
Geschlechts anzueignen. Richtige Jungen sind fürsorglich und
durchsetzungsstark, sensibel und zielbewusst – und richtige
Mädchen auch.

Tatsächlich sind androgyne Kinder, also solche, die männliche und weibliche Merkmale in sich vereinigen, am besten
fürs Leben gewappnet. Sie können ein weinendes Baby trösten
und einen Fahrradreifen wechseln, eine Fußballmannschaft
coachen und Essen kochen.

Wie man sich in unterschiedlichen Lebenssituationen ad-
äquat verhält, lernen Kinder durch das Vorbild ihrer Eltern und
das ihrer Peer Group. Insofern ist es mehr als schade, dass die
Wege von Mädchen und Jungen so bald auseinander gehen.
Schon Vierjährige verbringen fast dreimal so viel Zeit mit Kindern ihres Geschlechts, mit sechs ist es schon elfmal so viel. Dafür scheint es eine einfache Erklärung zu geben: Mädchen und
Jungen spielen lieber getrennt, weil sie an unterschiedlichen
Aktivitäten und Spielsachen Spaß haben. Beobachtet man allerdings Kinder auf einem x-beliebigen Spielplatz, zeigt sich, dass
alle gern im Sand buddeln und die Rutsche runterbrettern – und
sich dabei nach dem Geschlecht gruppieren. Natürlich gibt es
hier und da einen Jungen, der einen Vorstoß in Richtung Mädchen wagt, oder ein Mädchen, das sich unverdrossen darum
bemüht, in eine Jungenclique aufgenommen zu werden. Insgesamt jedoch verbringen die meisten Kinder ihre Zeit überwiegend mit Spielkameraden des eigenen Geschlechts – wie übri-

gens auch junge Affen, was vermuten lässt, dass hier doch mehr Biologie als Erziehung im Spiel ist.

Mädchen entscheiden übrigens zuerst, dass sie nicht (mehr) mit Jungen spielen wollen, und zwar schon im Alter von zwei Jahren. Jungen spielen länger und insgesamt lieber mit Mädchen, nämlich aus demselben Grund, warum auch Mädchen lieber mit Mädchen spielen: weil es dabei freundlicher und entspannter zugeht.

Das Spiel von Jungen ist körperlicher und wilder, und die Gefahr, dass es aus dem Ruder läuft, größer. Der Spielstil der Mädchen ist kommunikativer und weniger rau. Mädchen und Jungen spielen unterschiedlich, weil sie in unterschiedlichem Tempo reifen, sagen die Forscher. Dass Mädchen in ihren sprachlichen Fähigkeiten und in ihrer Selbstkontrolle beispielsweise weiter fortgeschritten sind, könnte erklären, warum sie schon früh nicht mehr so gut mit Jungen gleichen Alters spielen können.

Mit dem Schulalter erhält dann die Erkenntnis, «ich gehöre zur Gemeinschaft der Mädchen und damit zu der Sängerin und Schauspielerin Beyoncé Knowles» bzw. «ich gehöre zur Gemeinschaft der Jungen und damit zu Formel 1-Sieger Lewis Hamilton», einen ganz neuen Stellenwert. Mädchen schließen sich in der einen, Jungen in der anderen Ecke zusammen und fangen an, sich gegenseitig zu ärgern. Dabei sollte man nicht übersehen, dass sie auf diese Weise auch zusammen spielen.

Weil Geschlechtsunterschiede mit der Pubertät immer größer werden, ist es wichtig, den Grundstein für ein gutes Miteinander in den ersten zwölf Lebensjahren zu legen. Auch im Hinblick darauf, dass es sicher nicht günstig ist, wenn die erste Beziehung zum anderen Geschlecht auch gleich eine romantische oder sexuelle Note hat.

Eltern sollten das gemeinsame Spielen und Freundschaften zwischen Mädchen und Jungen nach Kräften fördern. Untersuchungen zeigen, dass Kinder, die regelmäßige Beziehungen zum anderen Geschlecht pflegen, im Durchschnitt klüger, beliebter und reifer sind und als vertrauenswürdiger, humorvoller und mutiger gelten als Kinder, die sich nur mit «ihresgleichen» abgeben. Außerdem neigen sie weit weniger zu stereotypen Einstellungen und sind insgesamt verständnisvoller und kooperativer.

Mein Kind will nur noch Mama (oder Papa) – ist das schlimm? 46

Zwischen zwei und vier verliebt sich fast jedes Kind vorübergehend heftig in einen Elternteil. Es gibt natürlich Ausnahmen, doch Jungen entflammen meistens für Mama, während es für Mädchen nur noch Papa gibt. Der jeweils andere Elternteil hat dann, zumindest zeitweise, schlechte Karten.

«In der ödipalen Phase ziehen Kinder alle Register, um die romantischen Gefühle des gegengeschlechtlichen Elternteils auf sich zu ziehen», sagen die Kinderpsychotherapeuten Martha und William Pieper in ihrem Buch «Smart Love». «Natürlich streben sie keine Liebesbeziehung mit Vater oder Mutter an. Es geht vielmehr um eine Beziehung, die von Besitzanspruch, Zuneigung und Exklusivität gekennzeichnet ist.» Die Therapeuten sprechen daher lieber von romantischer als von ödipaler Phase.

Jetzt lernen die Kinder, zwischen den eigenen Gefühlen und denen anderer Menschen zu trennen. Sie sehen nicht nur sich selbst als eigenständige Person, sondern betrachten erstmals auch Mutter und Vater als Menschen mit eigenen Wünschen und Bedürfnissen. Vor allem aber ist die romantische Phase das Alter der Identifikation. Durch diese Identifikation mit dem gleichgeschlechtlichen Elternteil fühlen sie sich in dem Wunsch bestärkt, die Position des Vaters bzw. der Mutter einzunehmen. Dieser Wunsch erklärt so manche Verhaltensweise, die sonst einigermaßen rätselhaft wäre.

Da hat der Vater der Mutter ein Kompliment über ein neues Kleid gemacht, und urplötzlich weigert sich die kleine Tochter, Hosen anzuziehen. Oder ein kleiner Junge beschmiert jedes Mal den Badezimmerspiegel mit Mamas Lippenstift, wenn der Vater von einer Geschäftsreise nach Hause kommt.

Fehlt gerade noch, dass sich Mama für den Eindringling hübsch macht!

«Kinder», so Martha und William Pieper, «sind ganz sicher, dass sie ernst zu nehmende Rivalen sind. In ihrer Fantasie existiert kein Unterschied zwischen ihnen und Vater bzw. Mutter.» Umso weniger verstehen sie, warum Mama bzw. Papa bereitwillig Lego spielt, aber nicht bereit ist, sie abends auf die Party eines Kollegen mitzunehmen. Die kleinen Romantiker können sich dieses Verhalten nur so erklären, dass sich der gleichgeschlechtliche Elternteil eingemischt hat. Und das kann sie sehr wütend machen. Die romantische Phase macht überhaupt sehr empfindlich für Kritik und Frotzeleien. Ganz schnell fühlen sich Kinder schrecklich gekränkt oder missverstanden und klammern sich umso heftiger an ihre Fantasien.

Besonders schwierig wird es, wenn der umworbene Elternteil die ablehnende Haltung des Kindes übernimmt und sich vom Partner distanziert. Oder wenn er glaubt, die Ursache für die Launen und Empfindlichkeiten sei in einer falschen Umgangsweise des anderen Elternteils zu suchen. So eifersüchtig sich kleine Romantiker gebärden – sie wollen mit beiden Elternteilen liebevoll verbunden sein. Egal, ob die Eltern zusammenleben oder nicht. Es verunsichert sie zutiefst, wenn sie spüren, dass sie Mutter und Vater gegeneinander aufbringen können. Der weniger favorisierte Elternteil sollte nachsichtig und liebevoll mit der Eifersucht umgehen und die Ablehnung nicht persönlich nehmen. Umgekehrt lässt man sich von den anrührenden «Heiratsanträgen» besser auch nicht becircen. Am besten erklärt man behutsam: «Du kannst mich nicht heiraten. Ich bin mit Papa verheiratet. Wenn du groß bist, wirst du jemanden finden, der genauso lieb ist wie Mama.» Auf diese Weise wird Kindern allmählich bewusst, dass die Enttäuschungen, die sie in der romantischen Phase erleben, nicht auf ihre Fehler oder Schwächen zurückzuführen sind, sondern auf Dinge, die nichts mit ihnen zu tun haben.

Machen Jungen mehr Probleme? 47

Entgegen einer weit verbreiteten Meinung machen Jungen keineswegs mehr Probleme als Mädchen, auch wenn Gewalt leider immer noch ein Thema ist. Problematische Verhaltensweisen lassen sich vor allem in der Gruppe beobachten. Die meisten Opfer von Jungengewalt sind Jungen, weil sich Jungen sehr stark Gruppennormen unterwerfen. Sie verhalten sich so, wie sie glauben, dass es andere Jungen von ihnen erwarten. Dann geben sie den großen Macker oder machen andere nieder, die angeblich weniger männlich sind. In der Familie oder in der Klasse verhalten sich dieselben Jungen oft ganz anders, sind fürsorglich und einfühlsam.

Eltern müssen sich also nicht gleich Sorgen machen, wenn ihr Sohn zeitweise etwas übertrieben männliche Verhaltensweisen zeigt – oder ganz andere. Unter Jungen gibt es Rabauken und Träumer, beides ist vollkommen normal. Beide Jungentypen brauchen Vorbilder, die zeigen, dass es auch männlich ist, Gefühle zu zeigen und Freundschaften zu pflegen, in denen es nicht darum geht, sich gegenseitig zu beweisen, wer der stärkere ist. Jungen bekommt es am besten, wenn sie von klein auf eine moderne Art des Mannseins erleben. Eine, die deutlich macht, dass man auch dann ein richtiger Mann ist, wenn man nicht wie ein muskelbepackter Actionheld auftritt. Jungen sind von Natur aus keineswegs aggressiver als Mädchen. Es gibt keinen direkten Zusammenhang zwischen Testosteron, Aggression und Gewalt, sondern nur falsche Erziehungsmethoden und problematische Vorbilder, sagt der amerikanische Jungenforscher William Pollack: «Jungen sind nicht giftig.» Man muss sie auch nicht «zwangsweise» mit Mädchen zusammenbringen, um aus unzivilisierten Barbaren sozialverträgliche Zeitgenossen zu machen. Aber Jungen müssen Selbstbeherrschung lernen. Dazu brauchen sie viele Möglichkeiten, sich zu bewegen und beim Sport auszuagieren. Jungen haben nämlich weit mehr rote Blutkörperchen und 30 Prozent mehr Muskelmasse und sind deshalb aktiver als Mädchen. Wenn die Energie kein positives Ventil findet, werden Jungen unruhig und gereizt.

Fallen Jungen wiederholt durch Gewalt oder riskante Verhaltensweisen auf, braucht es eine klare Haltung auf Seiten der Eltern und Lehrer – der ganzen Gruppe gegenüber. Am besten bringt man alle Beteiligten an einen Tisch und bespricht, was schief läuft. Hat man das Gefühl, dass man damit nicht weiter kommt, muss man sich professionelle Unterstützung suchen, in einer Erziehungsberatung oder Therapie.

Probleme von und mit Jungen wird man übrigens nicht allein dadurch lösen, dass mehr männliche Erzieher und Grundschullehrer tätig werden. Vor allem dann nicht, wenn diese wieder nur in angeblich männerspezifischen Bereichen wie Sport arbeiten. Damit verstärkt man möglicherweise überkommene Verhaltensweisen.

48 Haben es Mädchen leichter?

Das ist pures Wunschdenken. Die veränderten gesellschaftlichen Erwartungen und Rahmenbedingungen machen auch Mädchen zu schaffen, und zwar schon früh.

Mädchen hören immer früher auf zu spielen. Mit zehn Jahren und damit drei Jahre früher als Jungen macht «Ronja Räubertochter» keine Schneeballschlacht mehr, klettert nicht mehr auf Bäume und lässt ihre Puppen links liegen. Sie hat anderes zu tun. Lipgloss und Nagellack ausprobieren, in Modemagazinen blättern, Freundinnen zum Shoppen treffen. Jedes dritte Mädchen hungert oder hält Diät. Zwei Drittel haben ein verzerrtes Körperbild. Fast 100 Prozent der 15- bis 25-Jährigen sind mit ihrem Aussehen unzufrieden, hat eine Kosmetikfirma herausgefunden. Magermodels in Superklamotten untergraben nicht nur das ohnehin wacklige Selbstbild, sondern erzeugen auch das Gefühl der Unzulänglichkeit hinsichtlich Finanzen und Geschmack.

Immer mehr Mädchen entwickeln massive Stresssymptome. Sie leiden unter Kopfweh, Nervosität und Magenschmerzen, kämpfen mit Schlaflosigkeit, Depressionen und Erschöpfung und mit dem Drang, sich selbst zu verletzen.

Mädchen fällt es oft schwerer als Jungen, mit unangenehmen

und schwierigen Situationen fertigzuwerden, ohne in Panik zu geraten oder in Depression zu verfallen. Sie brauchen eine Menge Rückendeckung, Verständnis und Techniken, wie man mit Misserfolgen und Zurückweisung umgeht. Sonst halten sie ständig in der Außenwelt Ausschau nach Anerkennung und laufen Gefahr, ihr Selbstbewusstsein in die Hände des erstbesten Jungen zu legen. Dem Kompetenzverlust geht immer ein Vertrauensverlust voraus. Das gilt nicht nur für Mathematik und Naturwissenschaften.

Doch Mädchen müssen sich in einer komplexen, hoch technisierten Welt zurechtfinden und eines Tages darin auch Geld verdienen. Ihr zukünftiger Chef, egal ob männlich oder weiblich, wird ihnen keine Privilegien einräumen, nur weil sie Frauen sind. Darauf müssen sie vorbereitet sein.

Eltern sollten Töchter zu festem, freiem Auftreten ermuntern, damit sie lernen, auf Zurückweisung und Ruppigkeit nicht überempfindlich zu reagieren, und sie darin unterstützen, sich nicht nur über Beziehungen und Gefühle zu definieren, sondern über Sachinteressen.

Lesemuffel und Mathe-Nieten – was ist dran an Pauschalurteilen? 49

Jungen können nicht lesen, Mädchen nicht rechnen. Das stimmt, überspitzt gesagt. Die PISA-Studie hat in den Bereichen Lesen und Mathematik erhebliche Unterschiede zwischen den Leistungen von Mädchen und Jungen festgestellt. So ist bei Mädchen nicht nur das Textverständnis besser, sie können auch besser argumentieren und Inhalte kritischer bewerten. Dafür bleiben sie in Mathematik und Naturwissenschaften hinter ihren Möglichkeiten. Dort nimmt die Überlegenheit der Jungen im Verlauf der Jahre weiter zu, und ihre «schriftlichen» Defizite holen sie auf. Auch bei der Art zu lernen gibt es Unterschiede. Jungen setzen mehr Tiefenstrategien ein, Mädchen Wiederholungs- und Kontrollstrategien. Forscher werten das als Zeichen für mangelndes Selbstvertrauen.

Jungen bekommen in der Schule mehr Aufmerksamkeit, Mädchen sind überangepasst. Stimmt. Unter anderem, weil Jungen oft stören, Mädchen sich dagegen durch ein teilweise überangepasstes Arbeits- und Sozialverhalten auszeichnen. Trotzdem werden gute Leistungen von Jungen eher gewürdigt als gleichgute von Mädchen. Beim (schlechten) Betragen ist es umgekehrt. Insgesamt nimmt das Selbstvertrauen von Mädchen im Verlauf der Schulzeit stärker ab als das von Jungen.

Mädchen sind ehrgeizig, Jungen, besonders die begabten, faul. Das liegt am «Bartleby-Syndrom». Mit diesem Begriff beschreiben Psychologen der Universität Oxford extreme Faulheit und Vermeidungstaktiken von begabten Jungen. Ansonsten sind die Betroffenen unauffällig, und es scheint keinen Grund zu geben, warum sie unter ihren Möglichkeiten bleiben. Die Wissenschaftler haben beobachtet, dass begabte Jungen ein starkes Bedürfnis haben, eigene Entscheidungen zu treffen, und empfindlich auf Autorität reagieren. Unbewusst wollen sie sich auch von Mädchen abgrenzen, die als ehrgeiziger und leistungsorientierter gelten als Jungen. Wichtig für Jungen mit Bartleby-Syndrom sind Mentoren, die sie dabei unterstützen, ihr Potential zu entfalten und sich dabei trotzdem männlich zu fühlen. Frauen ist hier unter Umständen der Vorzug zu geben, da sich begabte Jungen der Mutter oft näher fühlen als dem Vater. (Ernest Hemingway und Pablo Picasso, beide vom Bartleby-Syndrom betroffen, hatten die amerikanische Schriftstellerin Gertrude Stein als Mentorin.)

Die spezifische Faulheit von Jungen rührt auch daher, dass Jungen die Schulzeit als Mittel zum Zweck betrachten und gerade so viel wie nötig lernen, um einen Abschluss zu bekommen. Mädchen dagegen beschäftigt alles, was in der Schule abläuft, manchmal so sehr, dass sie kaum zu inhaltlichen Aufgaben durchdringen. Mädchen brauchen daher eine Lernumgebung, in der sie sich sozial und emotional aufgehoben fühlen.

Jungen brauchen mehr Zuwendung, Mädchen mehr Bewegung. Stimmt. Bei Jungen, so Untersuchungen von Wissenschaftlern der Harvard Universität, leidet die intellektuelle Entwicklung besonders stark unter mangelnder Zuwendung. Eltern sollten

keine Angst haben, Söhne durch «zu viel» Zuwendung zu ver-
wöhnen, und ihnen ihre Liebe genauso offen und zärtlich zeigen wie Töchtern.

Die intellektuelle Entwicklung von Mädchen wird dagegen
durch zu viel Aufmerksamkeit in Form von elterlicher Kontrolle beeinträchtigt. Eltern kommen hier oft zu schnell zu Hilfe.
Mädchen sollten viel selbst ausprobieren und Fehler machen
dürfen. Und sportlich aktiv sein: Sportliche Mädchen haben
bessere Noten und brechen seltener die Schule ab. Da sich ein
Großteil der Mädchen bereits mit zwölf vom Sport verabschiedet, sollte man rechtzeitig eine geeignete Sportart und einen
Verein suchen, in dem sich Mädchen wohlfühlen und in pubertären Durststrecken gegenseitig mitziehen.

Warum streiten Jungen und Mädchen so anders? 50

Jungen reagieren schneller, direkter und heftiger. Vor allem in
der Gruppe neigen sie zur offenen Eskalation. Sie bringen auch
deutlicher ihre individuellen Forderungen und Rechte zum
Ausdruck und nehmen weniger Rücksicht auf Schwächere.
Gleichzeitig sind sie klar, direkt, offen und durchsetzungsfähig.
Da wird weniger verschwiegen.

Mädchen tun sich mit einer direkten Konfrontation oft
schwerer. Da sie kommunikativ geschickter sind, versuchen sie,
Konflikte eher verbal zu lösen. Dabei können sie sehr herablassend und verletzend sein. Sie schließen einander aus und sind
insgesamt nachtragender als Jungen. Vereinfacht kann man sagen, dass es bei Jungen um Durchsetzung und Kraft geht, bei
Mädchen um Rückzug und Vermeidung.

Wenn Jungen und Mädchen aneinander geraten, ist die Ursache oft ein Missverständnis. Rempelt ein Junge beispielsweise
ein Mädchen an, fängt es an zu weinen oder beschwert sich bei
einem Erwachsenen. Das verstehen Jungen kaum, weil es für sie
gar nicht schlimm ist, weil sie höchstens damit rechnen, ebenfalls angerempelt zu werden. Jungen fragen auch nicht, wenn
sie mitspielen wollen, sie machen einfach mit. Mädchen emp-

finden das als Einmischung und fühlen sich übergangen. Viele Konflikte hängen mit der Suche nach der eigenen Rolle zusammen, damit, dass sich Kinder abgrenzen müssen, um ihre eigene Geschlechtsidentität zu stabilisieren.

Innerhalb einer Gruppe ist die Bandbreite des Verhaltens immens groß. Es gibt Mädchen, die hier mindestens so dominant und aggressiv auftreten wie Jungen, und Jungen, die alles andere als durchsetzungsstark und aggressiv sind. In der Gruppe dominieren außerdem gruppendynamische Verhaltensweisen, nicht individuelle und geschlechtsspezifische. Deshalb ist es so wichtig, dass klar ist, welche Regeln gelten und wie Erwachsene mit Konflikten umgehen.

Was können Eltern tun, damit Jungen und Mädchen besser miteinander auskommen? Mädchen sollten wissen, dass es bei Jungen so etwas wie Spaßkampf gibt, Jungen, dass man sich nicht nur brüllend verständigen kann und erst mal fragt, wenn man mitspielen oder etwas haben will. Viele Konflikte sind missglückte Kontaktaufnahmen. Insofern tut man gut daran, vermittelnd einzugreifen und zu erklären, was man vom anderen lernen kann. Jungen können beispielsweise von Mädchen lernen, wie man zuhört, sich auf andere einlässt und Kompromisse sucht, Mädchen von Jungen, Emotionen mal außen vor zu lassen und sich auf eine Sache oder ein Ziel zu konzentrieren statt auf die Beziehung.

51 Warum sind Mädchenfreundschaften oft schwierig?

Mit acht, neun Jahren wird Mädchen die Geborgenheit in einer Gruppe von gleichaltrigen Mädchen immer wichtiger. Hier experimentieren sie nicht nur mit ihrem Aussehen, sondern auch mit Rollenbildern, Meinungen und Überzeugungen. Der intensive Austausch untereinander hilft ihnen, mit Schwächen, Kritik und Sorgen zurechtzukommen. Hier erfahren sie Anerkennung, Zuneigung und Solidarität ebenso wie harsche Zurückweisung.

In der Gruppe balancieren Mädchen oft über einen schmalen
Grat: Wenn sie in den Augen der anderen nicht cool, hübsch,
beliebt genug sind, werden sie zurückgewiesen und ausgegrenzt, wenn sie zu cool, zu hübsch, zu beliebt sind, auch. Das
ist emotional anstrengend. Bei sich zu bleiben, nein zu sagen,
kurzzeitig auch mal ohne Rückhalt durch die Clique klarzukommen, ist für Mädchen, auch für die selbstbewussten unter
ihnen, nicht leicht. Erst allmählich lernen sie, einfühlsame Ge-
sprächspartnerin und Freundin zu sein, ohne sich dabei selbst
aus den Augen zu verlieren.

Problematisch wird es, wenn Mädchen ihre gesamte Energie
darauf richten, beliebt zu sein, und sich nur noch den Kopf darüber zerbrechen, ob das, was sie anziehen, ankommt, ob eine
Bemerkung, mit der sie rausgeplatzt sind, blöd oder noch okay
war. Wird dieser Druck zu groß, ziehen sie sich zurück oder
greifen zu «Ego-Boostern» wie Zigaretten oder Alkohol. Die
schulischen Leistungen leiden, und oft auch die Beziehung zu
Eltern und Geschwistern.

Trotzdem treiben solche Auseinandersetzungen die Entwicklung eines neuen, unabhängigen Selbst voran. Ein Mädchen von seinen «bösen», oberflächlichen, frühreifen Freundinnen trennen zu wollen, ist selten von Erfolg gekrönt, und die
meisten reagieren auf solche Eingriffe sehr verletzt. Auch wenn
man den verständlichen Wunsch hat, seine Tochter vor de-
struktiven Gruppenzwängen zu beschützen: Sie braucht die
Teilhabe an dem, was gerade angesagt ist. Dazu gehören alber-
ne Teenie-Sendungen und Bubble Tea mit Grüner-Apfel-Ge-
schmack. Mädchen müssen ein Teil der Jugendkultur sein, um
sich als Teil der Peer Group zu fühlen und an Gesprächen teilnehmen zu können. Natürlich kann man sich auf den Standpunkt stellen, Mädchen sollten sich nicht von Äußerlichkeiten
leiten lassen und zu sich selbst stehen, aber ein bisschen Main-
stream kann das soziale Selbstvertrauen durchaus stärken.

Ratsam ist, bereits in der Vorpubertät den Kreis der Freundinnen zu erweitern, vor allem, wenn sich Mädchen in ihrer
Klasse nicht wirklich wohlfühlen. In einem Sportverein, einer

Band, einem Computer- oder Holzschnitzkurs kann man neu starten – weit weg von den überkritischen Blicken der Klassenkameradinnen. Mädchen, die gut in einer Gruppe integriert sind, gewinnen ihre innere Stabilität schneller zurück und sind eher in der Lage, eine eigene Position zu beziehen, als Mädchen, die ständig mit ihrer Außenseiterrolle kämpfen.

52 Was brauchen Jungen ganz besonders?

Gelassenheit. Bis ins junge Erwachsenenalter tun sich Jungen mit emotionaler Selbstregulierung oft schwer. Reagiert man darauf mit Reglementierungen, verstärken sich problematische Verhaltensweisen in aller Regel. Besser bekommen ihnen gelassene, freundliche Reaktionen, wo sie zur Ruhe kommen und über sich nachdenken können. Sehr männlich auftretende Jungen profitieren besonders von Geduld, Trost, Fürsorge und Unterstützung. Umgekehrt schadet jede Form von Gewalt, Drohungen, barschen Befehlen oder «Kleinmachen» gerade aggressiven Jungen besonders.

Empathie. Einfühlsamen, intelligenten Erziehern und Lehrern kann es gelingen, Konflikte, Lebhaftigkeit und Aggressionen zu bändigen. Untersuchungen zeigen, dass Jungen, die bereits in Kindergarten und Grundschule erfolgreich eingebunden werden, später weniger Probleme haben als die, bei denen das nicht geklappt hat. Geht es in einer Gruppe drüber und drunter, sollte man rasch eine Alternative suchen.

Ansporn. Von klein auf sollten Jungen eine positive Haltung gegenüber Anstrengung und Lernen erleben. Jungen brauchen die Botschaft: «Auch wenn du begabt bist, fällt dir nicht alles zu. Es schadet deiner Autonomie nicht, wenn du dich anstrengst.»

Caring. Gelegenheiten, wo fürsorgliches Verhalten gefragt ist, sollten für Jungen bewusst geschaffen werden (Mädchen suchen sie sich von allein): beim Fußballspielen mit Jüngeren, bei der Pflege eines Haustiers, beim Babysitten.

Fingerarbeit. Viele Jungen sind feinmotorisch ungeschickt.

Die beste Gegenmaßnahme sind hin und wieder Bastelarbeiten und von klein auf regelmäßige Mithilfe im Haushalt: Gemüse schnipseln, Kochzutaten abmessen, Bügeln, Nähen und Ähnliches. Damit stärkt man gleich auch noch ihre fürsorgliche Ader.

Aufwärmzeit: In der Gruppe fällt es vielen Jungen leichter, wenn sie anfangs für sich sein dürfen und erst später, wenn sie selbst entscheiden, dass sie so weit sind, an gemeinsamen Aktivitäten teilnehmen.

Gewaltlosigkeit: Jungen sollten weder Zeuge von realer noch von medialer Gewalt werden. Eltern müssen ein Auge darauf haben, welche Filme, Videos und Musik konsumiert werden, auch wenn der Sohn bereits ein Teenager ist.

Doppelleben: Jungen sollten sich in der Öffentlichkeit so verhalten dürfen, wie es (angeblich) alle Jungen tun, und im geschützten Rahmen der Familie ihre weiche Seite zeigen. Den morgendlichen Abschiedskuss kann man ja schon zu Hause austauschen.

Gespräche ohne Augenkontakt: Jungen öffnen sich leichter und sprechen mehr, wenn man ihnen nicht gegenübersitzt, sondern mit ihnen gemeinsam etwas unternimmt. Eine Autofahrt ist eine gute Gelegenheit, miteinander zu reden.

Lachen: Jungen brauchen viele Gelegenheiten zum Blödeln, Scherzen, Witze erzählen. Auch das ist eine Art der verbalen Kommunikation.

Risikoabwägung: Jungen verhalten sich oft sehr risikofreudig, weil sie glauben, dass sie sich nicht wehtun können. Verbote bringen da wenig. Besser, man klärt sachlich und kurz über mögliche Gefahren auf. So lernen Jungen nachzudenken.

Bewegung: Jungen brauchen täglich einen «Raum», möglichst draußen, wo sie unter sich bleiben und ungestört spielen dürfen. In Großstädten ist das nicht so leicht zu finden, aber wenn sich Eltern zusammenschließen, lässt sich vielleicht ein unbebautes Gelände in der Nachbarschaft zurückerobern. Da sich viele Jungen am liebsten in gleichgeschlechtlichen Gruppen bewegen, sollten Eltern darauf achten, dass sie immer wie-

der auch in gemischten Teams aktiv sind sowie in Einzelsport-
arten wie Klettern oder Leichtathletik.

53 Was sollten unsere Kinder über Sexualität wissen?

Normal, natürlich, gesund sind die Adjektive, die am häufigsten
in Zusammenhang mit Sexualität und Aufklärung gebraucht
werden. Doch mit elf, zwölf Jahren landen selbst behütete Kinder mitten in einer Schund- und Kitschkultur, die alles andere
als natürlich, normal, gesund und unbeschwert ist.

Popsongs sind gespickt mit gewalttätigen, sexistischen und
vulgären Anspielungen. In Teenagermagazinen, Vorabendse-
rien und Talkshows wird über Inzest, Vergewaltigung und sa-
domasochistische Praktiken geplaudert und dann wieder ganz
romantisch über «wahre Liebe». Noch nie war Pornografie so
leicht zugänglich, und die meisten Heranwachsenden werden
auch damit konfrontiert, auf dem Handy oder im Internet. Bis
zu 90 Prozent der Fünfzehnjährigen haben bereits Pornos gesehen. Das sollte man allerdings nicht überbewerten. Meistens
geht es vor allem um den Reiz des Verbotenen. Die meisten
Heranwachsenden finden Pornos abstoßend und grenzen sich
davon ab.

Eine Folge der veränderten Darstellung von Sexualität ist,
dass Begriffe wie Oral- und Analverkehr schon Zwölfjährigen
geläufig sind. Kinder und Jugendliche sprechen unverblümt
über Sex und stellen sehr direkte und offene Fragen, vor allem in
den entsprechenden Internet-Jugendforen. Das ist ja eigentlich
nicht schlecht. Das bedeutet auch nicht, dass sexuelle Erfahrungen heute früher gesucht werden. Das Durchschnittsalter für
den ersten Geschlechtsverkehr liegt seit den 1990er Jahren bei
siebzehn Jahren. Die Zahl der Heranwachsenden, die bereits
mit dreizehn oder vierzehn das erste Mal Sex haben, ist sogar
gesunken. Kinder aus bildungsnahen Familien sind besonders
zurückhaltend.

Beruhigend ist auch: Sexualität wird mehr und mehr zur Verhandlungssache, der Umgang damit bewusster und verant-

wortungsvoller. Die meisten Jugendlichen möchten ihre sexuellen Erfahrungen in einer festen Beziehung machen. Fast 100 Prozent benutzen Verhütungsmittel. Das ist sicher der sorgfältigen Aufklärung insbesondere in der Familie zu verdanken. Dennoch reicht es nicht, über Verhütung und den Schutz vor sexuell übertragbaren Krankheiten zu sprechen.

Kinder und Jugendliche sollen auch darüber Bescheid wissen:

* Was der Unterschied zwischen Liebe, Sex und Sympathie ist. Dass Verliebtheit nicht immer in sexuelle Beziehung, ja überhaupt nicht in eine Beziehung münden muss. Und dass umgekehrt Sex auch ohne Intimität und Verliebtheit möglich ist.

* Wie man in einer intimen Situation die Kontrolle behält, dass es nicht immer gleich passieren muss und wie man eine Liebesbeziehung beendet.

* Wie man mit Mädchen/Jungen nicht-sexuelle Freundschaften schließt.

* Was Masturbation, Penis, Menstruation, Orgasmus, Klitoris, Vagina usw. bedeuten. Spätestens mit zehn sollten diese Begriffe vertraut sein.

* Wie der weibliche Zyklus verläuft und wie es zu einer Schwangerschaft kommt.

* Dass es einen liebevollen und im Hinblick auf Aids und unerwünschte Schwangerschaften verantwortungsvollen Sex gibt und einen missbräuchlichen und egoistischen.

* Dass Masturbation nicht unanständig, schädlich oder krank ist, sondern normal und wünschenswert.

* Dass sexistische Anspielungen und «Scherze» wie Rockhochheben nicht lustig sind.

* Wie man sich gegen sexuell abfällige Bemerkungen zur Wehr setzt.

* Dass Homosexualität keine Krankheit oder Sünde ist, sondern eine sexuelle Disposition.

* Dass sich das sexuelle Verhalten unter Alkoholeinfluss verändert.

★ Was Pornographie ist. Dass sich Heranwachsende für sexuelle Darstellungen interessieren, ist völlig normal. Hier kann man das Interesse auf ästhetisch einigermaßen ansprechende Bilder lenken, die gibt es durchaus. Gegenüber harter Pornographie nimmt man am besten eine kritisch-distanzierte Haltung ein.

Vor allem brauchen Heranwachsende Räume, wo sie unbefangen Gleichaltrige kennenlernen und zwanglos flirten dürfen. Ist das Vertrauensverhältnis zu den Eltern trotz pubertärer Turbulenzen stabil, haben Jugendliche nichts dagegen, ihre Freunde mit nach Hause zu bringen. Entgegen einer weit verbreiteten Annahme suchen viele gerade bei diesem Thema, das so viele Unsicherheiten birgt, noch eine gewisse Zeit die Nähe und den Schutz der Eltern.

Spiele und Beschäftigungen

Spielen Kinder heute anders als früher?

Das Spielbedürfnis der Zwei- bis Vierjährigen hat sich gegenüber früheren Generationen kaum verändert: Anfassen, Auseinandernehmen, Herausfinden, wie was funktioniert. Was sich verändert hat, sind die Umweltbedingungen. Viele spielen mehr drinnen als draußen und brauchen deshalb auch mehr Anregungen durch geeignete Spielobjekte.

Kinder spielen in dieser Phase noch viel neben- statt miteinander. Sie brauchen daher Spielsachen, die auch allein Spaß machen und die, ganz wichtig, etwas aushalten. Die Objekte sollten vielseitig einsetzbar, nicht allzu kleinteilig und möglichst einfach sein. Für eine Steckschachtel genügen beispielsweise einfache geometrische Formen, die nicht auch noch blinken und trällern müssen.

Auch die Spielbedürfnisse der Fünf- bis Siebenjährigen haben sich noch nicht sehr verändert. Am liebsten erkunden sie in Begleitung anderer Kinder selbständig die nähere Umgebung. (Trotzdem müssen Eltern jederzeit greifbar sein.) Auch das Lesen und die Welt der Zahlen eröffnen neue Dimensionen. Die geheimnisvollen Buchstaben und Codes wollen entschlüsselt werden, es wird begeistert gerechnet und gefeilscht. Besonders großer Beliebtheit erfreuen sich Regelspiele. Da spätestens mit dem ersten Schultag Kinder mit anderen Nationalitäten und Sprachen in Kontakt kommen, sollte man dem mit entsprechenden Spielideen Rechnung tragen.

In der Altersgruppe der Acht- bis Zehnjährigen hat sich das Spielverhalten gegenüber früher stark verändert. Kinder wissen zwar detailliert über Artensterben und die Abholzung des Regenwaldes Bescheid, aber sie waren selten in einem Wald und kennen kaum schmutzige Hände, nasse Füße und aufgeschrappte Knie. Experten sprechen vom «Nature Deficit Disorder» (NDD) mit den bekannten Folgen: Konzentrationsschwäche, Aggressivität, Überängstlichkeit und Übergewicht. Schuld sind die wenig kinderfreundlichen Wohn- und Lebensbedingungen in der Stadt, das Aufwachsen in einer Hightech-Gesellschaft und die Unsicherheit der Eltern, die ihre Kinder ungern draußen spielen lassen. Dagegen hilft nur eines: spielen. Am besten in großer Runde. Bumerangwerfen, Ball über die Schnur, Radpolo, Parkour (in einfacher Variante), Straßenhockey. Wer einen Hund hat, macht Agility mit ihm ... Diese Altersgruppe bringt bereits eine gehörige Portion Belastbarkeit und Durchhaltevermögen auf, die mit den entsprechenden Spielen weiter gefördert werden sollte. Es darf ruhig ein bisschen riskant werden. Hoch im Kurs stehen alle Arten von Wettkämpfen,

Dieselben Outdoor-Activities sind auch bei den Elf- bis Vierzehnjährigen in, deren Spielverhalten hat sich allerdings noch stärker verändert. Anders als noch vor rund 15 Jahren spielt heute nur ein knappes Viertel von ihnen mit Spielzeug, darunter mehr Jungen als Mädchen und mehr Kinder mit Geschwistern als Einzelkinder. Zwei Drittel sind täglich mindestens eine Stunde im Netz. «Spielen heißt Welten bauen», sagen Spielexperten. Für Heranwachsende sind diese Welten überwiegend virtuell. Damit sie darin nicht verloren gehen, müssen sie sich mit realen Gegnern in realen Spielsituationen auseinandersetzen. Nicht nur am Computer sind schnelle, abwechslungsreiche, technisch anspruchsvolle Spiele angesagt, gern mit starken gegnerischen Mannschaften – Jugendliche wollen Grenzen ausloten. Zwischendurch suchen viele jedoch auch gezielt nach ruhigen Beschäftigungen. Jetzt kann man noch mal versuchen, die Leseleidenschaft zu wecken.

55 Wie finde ich das richtige Spielzeug?

Gutes Spielzeug entspricht den alterstypischen Spielbedürfnissen und macht Kindern lange Freude. Es ist anregend, vielseitig, herausfordernd und regt zum Ausprobieren, Nachdenken, Diskutieren und Lachen an. Soweit die Theorie. In der Realität waten Eltern knietief durch einen Berg von zerbrochenen Plas-

tikbeinen, zerquetschten Farbstiften, halbfertigen Modellwind-
mühlen und funktionsuntüchtigen Puppenkühlschränken, um
ein übel gelauntes Kind aufzumuntern, das schrecklich gelangweilt ist, weil es nichts zum Spielen hat.

Wie lässt sich das verhindern? Indem man versucht, die Welt
mit den Augen seines Kindes zu sehen, um herauszufinden, was
ein Kind neugierig macht und zum Träumen, Lachen und Nachdenken bringt. Liebt es Geheimnisse? Dann begeistert es sich
vielleicht für einen Zauberkasten, eine Schneekugel mit Mär-
chenmotiv oder eine Schatzkiste, natürlich mit Schlüssel. Ist das
Kind dynamisch und risikofreudig? Dann springt es vielleicht
auf eine Slackline oder ein Diabolo an. Oft werden auch ganz
einfache Dinge, die Kinder selbst entdecken, zu Lieblingsspielsa-
chen. Eine Kiste mit alten Knöpfen oder Münzen, Opas Reise-
schreibmaschine oder das ausrangierte Rollbrett im Keller.

Muss Spielzeug pädagogisch wertvoll sein? Nein. Unlängst
hat der simple Holzstock den Weg in die US National Toy Hall
of Fame gefunden. Bekanntlich wird er bevorzugt als Ritter-
schwert und Laser-Säbel in Star Wars-Kämpfen eingesetzt und
ist damit alles andere als «politisch korrekt». So wenig, wie im
Kinderzimmer ausschließlich Plastikmonster und elektroni-
scher Schnick-Schnack zu finden sein sollten, so wenig muss
alles «bio» und pädagogisch wertvoll sein. Spielen ist etwas
höchst Individuelles, «pädagogisch-wertvoll» somit alles, womit ein Kind oft und gern spielt. Mit einer Einschränkung: bei
Video- und Computerspielen.

Für Drei- bis Fünfjährige Für draußen genügen ein einfacher,
fahrbarer Untersatz, (Drei-)Rad, Roller, Tretauto, Schlitten oder
Leiterwagen. Dazu Ball, Schaufel und Eimer, um die Schätze, die
man unterwegs findet, nach Hause zu tragen. Und Spielsachen
zum Toben – zum Beispiel eine Kunststoff-Schale, mit der man
drinnen und draußen, im Schnee und im Wasser schaukeln,
kreiseln, balancieren und verstecken spielen kann.

Für drinnen zwei, drei Kuscheltiere, Puppe, Spielfiguren,
Hand- und Fingerpuppen, Autos und Bagger, die beladen wer-

den können. Formen aus Holz und Plastik (Kinder mischen gern). Einfache Alltagsgegenstände in Kindergröße wie Kochtöpfe oder Kehrschaufel und Besen. Kaufmannsladen. Spielfiguren mit Zubehör. Bücher zum Anschauen, Vorlesen und für erste Selbstleseversuche.

Für Sechs- bis Achtjährige Anspruchsvolle Bausätze, einfache Versuchskästen, Werkzeugkasten. Mal- und Zeichenutensilien. Buntes Papier, Schere, Kleber. Origami. Würfel, Karten- und Gesellschaftsspiele, bei denen gezählt und gerechnet werden muss, wie «Monopoly» oder «Siebzehn und vier».

Spielzeug, mit dem man draußen Spaß haben kann: Drachen zum selbst Zusammenbauen, großer Fallschirm, an den man etwas dranhängen kann. Fußball, Kegel, Bocciakugeln, Rad und Schlittschuhe. Sachbücher mit großformatigen Abbildungen zu verschiedenen Themen. Spannende Bücher, Krimis, fremdsprachige Bücher.

Für Neun- bis Zwölfjährige Anspruchsvolle Bausätze, Experimentierkästen und Sachbücher. Ein Zauberkasten. Material zum Bauen, Nähen, Schmuck herstellen, Töpfern etc. Ein Computer mit Textverarbeitung und gleicher Software, wie sie in der Schule verwendet wird. Elektronisches Spielzeug in überschaubarer Menge. Gute Computer- und Videospiele, die man auch zu zweit oder zu dritt spielen kann. Spielzeug, das Kinder in Gruppen nach draußen lockt, etwa Slacklining; dabei wird zwischen zwei Bäumen oder Pfosten ein Gurtband zum Balancieren gespannt. Oder Bouldern: Geklettert wird in Absprunghöhe an natürlichen Felsblöcken oder -wänden oder in Kletterhallen ohne technische Hilfsmittel. Ansonsten Einrad, Devilsticks, Diabolo, Astrojax, Yo-Yo, Bumerang.

Für Elf- bis Vierzehnjährige Bücher: Klassiker, Bestseller, Krimis, Sachbücher. «Welt-Musik», also nicht nur Pop, Techno, Rap und Hip Hop.

Anspruchsvolle Computer- und Geschicklichkeitsspiele wie Dice Stacking, bei dem kleine unberechenbare Würfel innerhalb eines Bechers gestapelt werden müssen. Sportliches Spielzeug: Poi Swinging, ein Sport- und Artistikgerät, dessen Kopf per Zentripetalkraft in schnelle Flugbahnen gelenkt wird. In Deutschland ist der Poi bisher vor allem in der Techno-Szene bekannt. Schwinglieren, eine Bewegungskunst mit Keulen, Stäben, Tüchern, die Jonglieren und Schwingen verbindet.

Grundsätzlich sollte man eher zu Spielsachen für Jungen greifen. Die sind zwar durchschnittlich teurer als Mädchen-Spielsachen, dafür aber variationsreicher und aktivierender. Im Übrigen gilt: Weniger ist mehr. Kein Kind braucht dreißig Stofftiere oder fünfzig Autos. Lieber tauscht man mal etwas aus. Tipp: Alles, womit ein Kind schon länger nicht mehr spielt, verstaut man in einer Kiste, und diese in Keller, Kammer oder Garage. Manches wird wieder spannend, wenn man es nach ein paar Monaten noch einmal hervorholt.

Da erfahrungsgemäß ständig neuer Junk ins Kinderzimmer strömt, durchforstet man das Spielzeug am besten alle drei Monate, sortiert Einzelteile in Baukasten, Burgbefestigungen, Puppenzubehör etc. und entsorgt, was das Kind nicht mehr braucht – möglichst ohne die Umwelt über Gebühr zu belasten. Flohmarkt ist eine Idee, wobei man hier oft auf Bekannte trifft, die versuchen, den gleichen Kram loszuwerden wie man selbst. Ist das Spielzeug in gutem Zustand und sauber, dann wäre Verschenken eine sehr gute Idee.

Unter freiem Himmel – warum ist spielen in der Natur so wichtig? 56

Anders als auf Spielplätzen ist in der Natur nichts vorgegeben. Hier kann die Fantasie auf Entdeckungsreise gehen und die Welt neu gestalten. Aus Zweigen, Steinen, Matsch entsteht im Bachlauf ein kleiner Damm, Tannenzapfen verwandeln sich in Zwergenkinder, eine Handvoll Schnee in eine Zauberkugel. Ein paar Stunden unter freiem Himmel ohne Autos und ohne Steckdose machen den Kopf klar, die Sinne hellwach. Besser als jede Kletterwand trainiert die Bewegung in der Natur Grob- und Feinmotorik, nichts ist so kreativ und lustvoll wie das freie, ungezwungene Spiel mit Ästen und Blättern, Erde, Sand, Wind und Wasser. Für das Gefühl, hoch oben in einem Baumwipfel zu schaukeln, gibt es keinen Ersatz, nur wenig entspricht der Mischung aus Furcht, Stolz und Glück, wenn man es bis ganz oben geschafft hat. Draußen werden wildere, vielleicht sogar gefährliche Spiele gespielt. Die Natur ist selbst in den vertrauten Kulturlandschaften nicht nur eine heile Idylle, sondern auch unberechenbar und rau, sie fordert Respekt, Achtsamkeit, Aufmerksamkeit. Man muss lernen, auf sich aufzupassen.

Beim freien, unstrukturierten Spiel unter freiem Himmel erfahren Kinder, dass sie auch ein Teil dieser Natur sind. Dass die Natur kein Labor ist, das Rohstoffe und Lebensmittel liefert, sondern die Quelle des Lebens, und deshalb geschützt werden muss. Die Begegnung mit der Natur macht Kinder zu lebendigen selbstsicheren, beweglichen und wirklichkeitsnahen Persönlichkeiten.

Deshalb: bloß nicht das Ganze zur Schulstunde verkommen lassen! Wie man eine Birke von einer Buche unterscheidet, Wolken und die sanfte Fältelung einer Düne liest, lernen Kinder schon noch – ganz nebenbei. Auch, was es mit Artensterben, Klimawandel und Treibhausgasen auf sich hat. In der Natur geht es um die reine Freude am Sein, sich selbst mit jeder Faser zu spüren. Um das Glück, auf einer Bergwiese tatsächlich die leuchtende Sonne einer Silberdistel entdeckt zu haben.

Das «undisziplinierte Glück», wie der Schriftsteller Walter Benjamin die ausgelassenen, scheinbar unsinnigen Spiele (nicht nur draußen) nannte, die Freiheit mit ihren kleinen Abenteuern und den von den Erwachsenen nicht entdeckten Grenzüberschreitungen – all das macht Kinder im Kern erst erlebnisfähig. Leider gibt es nur noch wenig Raum und Zeit für dieses Kindervorrecht auf totale Zweckfreiheit. Der offizielle, pädagogisch verordnete Schweine-und Matsch-Tag im Kindergarten, an dem sich Kinder durch nassen Sand und Schlamm wälzen und mit Fingern essen sollen, ist keine schlechte Idee, aber auch kein wirklicher Ersatz.

Leider spielen immer weniger Kinder draußen. 1990 verbrachten noch gut drei Viertel aller Kinder zwischen sechs und dreizehn den größten Teil ihrer Freizeit im Freien, 2003 nur noch die Hälfte, und der Abwärtstrend hält an, auch bei Kindern, die die Natur vor der Tür haben oder den Stadtpark zu Fuß erreichen können. Der Verkehr ist eine Erklärung, eine andere die wachsende Besorgnis von Eltern. Unter anderem hat sie dazu geführt, dass draußen spielen heute heißt: Spielen unter Supervision eines Erwachsenen an TÜV-geprüften Geräten, unter denen dicke Fallschutzmatten liegen. Eine hervorstehende Schraube, ein angefaulter Stamm, über den man so toll balancieren konnte – schon wird der Abenteuerspielplatz wegen Lebensgefahr geschlossen. Dabei verletzen sich weit mehr Kinder beim Sturz aus dem Bett als draußen beim Spielen. Ein Restrisiko muss bleiben, sonst ist es kein richtiges Spielen. Kinder müssen und wollen Gefahren und die eigenen Grenzen ausloten dürfen, und dazu gehören eben auch Schrammen, Beulen, vielleicht sogar mal ein Beinbruch. Der heilt viel schneller als eine Angststörung.

Warum brauchen Kinder Mutproben? **57**

Kinder leben ihre Risikofreude auf den verschiedensten Gebieten aus. Das eine Kind klettert aufs Dach, das andere klaut im Supermarkt, das dritte setzt in der Schule alles auf eine Karte. (Es kann durchaus hilfreich sein, Schulprobleme auch mal aus dieser Perspektive zu betrachten.)

Vielleicht unterschätzen Eltern manchmal, wie viel Mutwillen bei solchen «Unternehmungen» dabei ist. Wie das Wort bereits verrät, braucht es für manche Dinge Mut und Willen. Zwei Charaktereigenschaften, die bei vielen Kindern eher etwas zu wenig ausgeprägt und vermutlich dem Besorgtheitswahn der Erwachsenen zum Opfer gefallen sind. Doch Kinder brauchen Abenteuer und Mutproben. Dringend. Können sie diese Sehnsucht nicht stillen, fehlt etwas Wesentliches: das Sich-selbst-erleben-und-mit-allen-Sinnen-spüren. Dieser Mangel erzeugt Lethargie und Langeweile, Missmut im wahrsten Sinne des Wortes. Und das wiederum kann ältere Kinder auf brandgefährliche Ideen bringen, wie zum Beispiel S-Bahn-Surfen. Das ist dann kein Abenteuer, sondern eine massive Selbstgefährdung, die auf eine schwere psychische Störung hinweist.

Zu einem richtigen Abenteuer gehört natürlich Herzklopfen, aber eines, das sich aufregend und gut anfühlt. Den Nervenkitzel, dass es schief gehen könnte, dass man sich wehtut oder erwischt wird, suchen Kinder auch ganz gezielt – mit selbst ausgedachten Mutproben. Die erfordern Eigeninitiative, geistige Beweglichkeit, Witz und Fantasie, körperliche Geschicklichkeit und Kraft. Dabei dürfen sie auch ruhig einmal an ihre Grenzen kommen. Das mögen Eltern beunruhigend finden, doch nichts zu wagen, sich immer ängstlich auf Nummer sicher zurückzuziehen, behindert Kinder nachhaltig bei der Entfaltung ihrer Fähigkeiten und nimmt ihnen ein großes Stück Lebensfreude. Risiken unter Aufsicht wie Klettern mit dreifach gesichertem Karabiner und Helm machen auch Spaß, sind aber kein Ersatz für echte Abenteuer.

Die meisten Kinder haben eine ganz gute Antenne dafür, was gefahrentechnisch gerade noch okay ist, vor allem wenn sie sich viel bewegen und draußen spielen, ohne dass immer ein Betreuer parat steht. Dann sind sie außerdem auch einigermaßen geschickt.

«Kamikaze-Kinder», die sich immer wieder ohne entsprechendes Können und ohne nachzudenken Risiken aussetzen, sollten so früh wie möglich schwimmen lernen und dann auch oft schwimmen gehen. Dann können sie sich relativ gefahrlos aus verschiedenen Höhen fallen lassen – ins Wasser. Wasser hat generell eine regulierende Wirkung auf motorisch sehr lebhafte Kinder.

58 Warum sollte man Kindern ihre Geheimnisse lassen?

Gute Eltern wissen angeblich immer, was ihr Kind gerade macht, was es fühlt und denkt. «Mein Kind hat kein Geheimnis vor mir. Es vertraut mir. Also gibt es keinen Grund, etwas Ver-

botenes zu tun und daraus ein Geheimnis machen zu müssen.»
Aber Kinder brauchen Geheimnisse. Geheimnisse machen das
Leben bunt und lebendig. Geheime Orte, geheime Wege, ver-
steckte Schätze, geheime Zeichen, geheime Schriften, geheime
Geschichten, geheime Botschaften, Spiele, Freundschaften – die
Kinderwelt ist voller Geheimnisse. Ein Geheimnis mit jemand
anderem zu teilen, anvertraut zu bekommen, nicht zu verraten
– all das gehört zum glühenden Kern einer Kinderfreundschaft.
Geheimnisse schenken das Gefühl von Freiheit, Mut und Stärke, selbst wenn, nein, weil damit Grenzen und Verbote über-
schritten werden. Geheimnisse ermöglichen Kindern, den Dingen selbständig auf den Grund zu gehen, selbstverantwortlich
zu handeln, ihre Fähigkeiten einzuschätzen und dabei viel über
sich und die Welt zu erfahren.

Nicht zufällig handeln viele Märchen davon, dass Held oder
Heldin eigenmächtig eine verschlossene, geheimnisvolle Kammer oder Truhe öffnet oder in einem verbotenen Buch liest.
Diese Überschreitung, auch Übergangsritual («rite de passage»)
genannt, bedeutet, dass der Held erwachsen wird.

Die Vorstellungen von Geheimnissen bilden sich erst mit
vier, fünf Jahren allmählich aus. Erst im Grundschulalter wird
dann die Geheimhaltung von bestimmten Unternehmungen
oder Plänen konsequent praktiziert. Das ist ein Beleg dafür,
dass Geheimnisse eine große Bedeutung für die Suche nach der
eigenen Identität haben. Mit sieben, acht Jahren entwickeln
Kinder ein gesteigertes Bedürfnis nach Abgrenzung, sie wollen
die Räume ihrer Privatheit ausweiten. Geheimnisse übernehm-
men jetzt eine Art Schutzfunktion und begrenzen den umfas-
senden Zugriff der Eltern. Das ist vor allem auch für Heranwachsende wichtig. Man ist gut beraten, ihre Privatsphäre zu
respektieren, egal, ob sie sich in einer Schublade, in einem Tagebuch oder auf Handy oder Facebook abspielt. «Nachforschun-
gen» sind nur zulässig, wenn ein konkreter Verdacht besteht,
dass Gefahr im Verzug ist.

Geheimnisse haben selbstverständlich auch eine andere Seite, über die man sprechen muss. Kinder müssen wissen: ‹Wenn

ich ein Geheimnis mit mir herumtrage, das belastet, unfrei macht oder gefährlich ist, und mich damit an einen Erwachsenen wende, dem ich vertraue, dann bin ich kein Verräter, sondern mutig.›

59 Kinder lieben Geschichten. Aber wie lernt man, spannend zu erzählen?

Das Geschichtenerzählen ist eine der ältesten Kunstformen überhaupt und heute noch genauso beliebt wie in grauer Vorzeit, als Familie Feuerstein vor ihrer Höhle ein Wildschwein am Bratspieß drehte.

Aber wie erzählt man spannend?

Am einfachsten ist ein Auftakt, der zu Fragen einlädt und direkt in die Handlung hineinspringt. Selbsterdachte Geschichten entwickeln sich dadurch fast von allein. «Der Himmel war schwarz, die Wellen schlugen über Deck, und Pipo Pipolowitsch klapperte mit den Zähnen. Es war keine gute Idee gewesen, ausgerechnet bei diesem Wetter zu einer Weltreise aufzubrechen.» Oder: «Prinzessin Tausendschön saß in der Tinte. Ihr goldenes Kleid war voller dunkelblauer Flecken.»

Auch ein traditioneller Erzählbeginn funktioniert: «In einer Zeit, als das Wünschen noch geholfen hat, ritt der Königssohn nach einem Streit mit seinem Vater davon ...» Oder: «Es war einmal ein Mädchen, die hieß Minnie und war so klein, dass sie in deiner Brotzeitdose Platz gehabt hätte. Genau da war sie hineingeraten.»

Jetzt will Ihr Kind wissen, warum sich der Königssohn gestritten hat und Minni in der Brotzeitdose festsitzt. Man kann auch fragen: «Was würdest Du an Minnies Stelle tun?» und den Vorschlag des Kindes aufnehmen: «Hilfe zu rufen ist eine gute Idee. Minni hatte aber einen guten Grund, das nicht zu tun. Sie wollte nämlich sehr gern einmal mit in den Kindergarten und sich dort die Spielsachen ansehen ...»

Diese Art des Erzählens ist relativ einfach und immer kurzweilig. Man wird von einem Ereignis zum nächsten gelotst und muss nur darauf achten, dass man nicht zu sehr abschweift und den Handlungsfaden immer wieder aufnimmt.

Ungewöhnliche Namen machen eine Geschichte anschaulich und lebendig. Man kann sich von Speisen inspirieren lassen (Herr Tom Gackei, Monsieur Gateau), Namen russifizieren («Pipo Pipolowitsch»), körperliche Merkmale als Namen verwenden («Jonny Sommersprosse») oder – «beam me up, Scottie» – eine Geschichte aus dem Familienalltag 5000 Jahre in die Zukunft (oder die Vergangenheit) verlegen: «Familie Stern auf Asteroid Nr. 3333 hatte schon wieder verschlafen…» Solche Verfremdungseffekte machen selbst alltägliche Ereignisse spannend.

Bunt werden Geschichten durch viele Details. Wie sieht die vornehme Baumvilla von Herrn Tom Gackei aus? Wie riecht es im Versteck von Herrn Gateau? Welche Möbel haben Platz in der winzigen Hütte der Erbsen-Kinder?

Beim Erzählen kann man auch Requisiten zu Hilfe nehmen. Das kommt vor allem bei Kindergartenkindern gut an. Ein goldener Schokoladentaler aus dem Schatz, das Taschentuch der traurigen Prinzessin, das ganz nass von Tränen ist…

Achtung: keine Zusatzschilderungen und langatmigen Erklärungen und vor allem keine Moral («Das passiert, wenn man nicht aufpasst»)! Eine gute Geschichte vermittelt von allein, was richtig und was falsch ist. Und sie geht gut aus. Immer.

Ganz wichtig: beim Erzählen Blickkontakt halten. Aus der Reaktion des Kindes lässt sich erschließen, wie eine Geschichte gebaut werden muss, was man einfügt oder besser weglässt und welche Wendung sie wann nehmen muss.

Übrigens ist Nacherzählen viel schwieriger, als sich eine Geschichte selbst auszudenken. Damit Spannung aufkommt, muss man Märchen, Sagen oder Legenden sehr gut kennen und verinnerlicht haben und sie trotzdem so erzählen, als ob man das Ende nicht kennt.

60 Wir kommen kaum noch zum Vorlesen, ist das schlimm?

Ja, das ist schade, und das sollten Sie ändern. Dabei spielt es keine Rolle, ob Sie aus Buch, Tablet oder eReader vorlesen.

Leider lesen weniger als 32 Prozent aller Eltern mit Kindern im Grund- und Vorschulalter vor. Und das auch gerade mal eine Viertelstunde pro Tag. Viel zu wenig, sagen Experten und verweisen auf die Bedeutung des Lesens für Sprachentwicklung, Kreativität und Fantasie. Mal abgesehen vom Wissenserwerb.

Lesen ist die Schlüsselkompetenz im Kommunikations- und Informationszeitalter. Kinder, die regelmäßig vorgelesen bekommen, haben einen entscheidenden Vorsprung gegenüber solchen, die ohne das aufwachsen. Beim (Vor)Lesen gelingt das Erlernen von Sprache wie nebenbei, lustvoll und ohne Anstrengung. Komplexe Satzmuster prägen sich ein, in unzähligen Variationen, weil jeder Autor seinen eigenen Stil hat. Neue Wörter und Begriffe erschließen sich aus dem Kontext, und Kinder nehmen sie in ihren Wortschatz auf. Das gesprochene Wort erzeugt einen lebendigen Strom innerer Bilder, eine Fähigkeit, die das Gehirn mit etwa 18 Monaten entwickelt und die die Grundlage für die Entwicklung des symbolischen Denkens ist. Das wiederum ist eine der wichtigsten Voraussetzungen für den sicheren Umgang mit Buchstaben und Zahlen und damit für das Erlernen von lesen, schreiben und rechnen.

Bereits mit zwei, drei Jahren lernt ein Kind, die Gefühle und Bilder, die ein Text anbietet, zu sortieren und von der Realität zu unterscheiden. Immer sicherer wird es in dem Gefühl, dass man unter diesen Bedingungen Gefahren furchtlos entgegentreten kann. Darüber bildet das Kind die Fähigkeit aus, sich in die Wirklichkeiten anderer einzufühlen.

Beim Vorlesen geht es jedoch nicht vorrangig um eine intellektuelle oder soziale Frühförderung, sondern um das liebevolle Zusammensein. Deshalb sind Kinder, die längst dem Vorlesealter entwachsen sind, oft noch hungrig danach, und deshalb können Geschichten tatsächlich trösten und heilen.

Beim Vorlesen sollte man auch zu Büchern ohne Bilder greifen. So können Kinder ihrer Fantasie freien Lauf lassen und ihre eigene Bildsprache entwickeln. Übrigens: Vorlesen sollte Spaß machen, auch den Eltern. Was Sie selbst zum Nachdenken, Schmunzeln oder Lachen anregt, gefällt auch Ihrem Kind. Beim Vorlesen wichtig: Augenkontakt halten. Zappelige Kinder auf den Schoß nehmen.

Bücher sind übrigens Gebrauchsgegenstände und sollten überallhin mitgenommen werden dürfen, auch auf die Toilette und in die Küche.

Warum lieben Kinder Rollenspiele? 61

In die Rolle eines anderen zu schlüpfen, bedeutet vor allem, sich gefühlsmäßig in eine andere Stimmung zu versetzen. Spielt ein Kind Superman oder Avatar, muss es sich auch stark und mutig fühlen, imitiert es einen Popstar, kann es selbst innerlich ein bisschen abheben. Rollenspiele sind das beste soziale und emotionale Training, das sich denken lässt.

Kinder können dabei ein ganzes Repertoire an Gefühlen sammeln. Gleichzeitig lernen sie, verschiedene Perspektiven einzunehmen, Fähigkeiten, die ihnen helfen, Probleme und Konflikte zu lösen und Angst, Trauer, Wut zu verarbeiten.

Viele Rollenfantasien sind mit einer Fülle von intensiven, «erwachsenen» Lebensgefühlen verbunden. Wenn ein Kind besonders schnell rennt, tut es das nicht einfach so, sondern weil es sich vorstellt, dass es Goldmedaillengewinner ist oder ein FBI-Agent. Treffen sich drei Kinder zum Kicken, stehen sich nicht Paul, Bruno und Lea gegenüber, sondern Ronaldo, Messi und Rooney.

Zwischen zwei und drei Jahren spielen Kinder am liebsten Szenen aus dem Familienalltag: einkaufen, kochen, verreisen, ein Baby bekommen, sich verlaufen. Dabei entwickeln sie ein Gespür für die Rollenverteilung in der Familie und erwerben Alltagsfertigkeiten. Auch ihre Geschlechtsidentität entdecken Kinder über Rollenspiele. Dabei wird hin und wieder ziemlich dick aufgetragen. Aber Kinder müssen übertreiben. Rollenklischees kritisch zu hinterfragen, gelingt erst viel später im Teenageralter.

Mit dem vierten, fünften Lebensjahr schlüpfen Kinder bevorzugt mit Playmobil- und Legofiguren in Fantasie- und Märchengestalten. Am liebsten in die Rolle des starken, unbesiegbaren, gefeierten Helden! Dabei wächst die Zuversicht, dass sie selbst, wenn sie einmal erwachsen sind, dieses Leben meistern können.

Als Prinzessin, Königssohn oder intergalaktischer Krieger kämpfen Kinder mit dem Laserschwert und oft auch in einer märchenhaft-poetischen oder intergalaktischen Kunstsprache gegen die Widrigkeiten dieser Welt und entwickeln ein Gefühl für moralische Werte. Aber nicht nur der äußere «Feind» soll besiegt werden, sondern vor allem der innere, die eigene Angst.

Eltern sehen bei sehr wilden Rollenspielen oft nur die problematische Seite. Wird hier Gewalt eingeübt? Aber forcierter Pazifismus ist nicht angebracht. Kinder haben zum Glück nicht die geringste Vorstellung davon, was es bedeutet, jemanden zu erschießen. Pistole oder Schwert heißt nur: ‹Ich bin stark. Ich habe eine Waffe.› Besser, man sieht die Sache als das, was sie ist: ein Spiel. Friedfertigkeit muss man vorleben. Sie lässt sich nicht aufzwingen, indem man bestimmte Spiele verbietet. Und man sollte es auch nicht, denn die Fähigkeit, sich in andere Welten hineinzufantasieren, ermöglicht Kindern nicht zuletzt, mit schmerzlichen Erfahrungen fertig- und friedlicher zu werden.

62 Richtig Theater spielen – was ist so schön daran?

Theaterspielen macht nicht nur Spaß, sondern auch fantasievoll und einfühlsam. Es fördert Ausdrucksvermögen und Teamgeist und ist nicht nur für schüchterne, unsichere Kinder eine tolle Gelegenheit, selbstbewusste, starke Auftritte zu trainieren. Man darf dabei richtig über die Stränge schlagen. Man darf gemein sein, mit Ausdrücken um sich werfen und handfeste Auseinandersetzungen vom Zaun brechen. Und mit Geschlechtszugehörigkeiten spielen: mal ist man Räuber, mal «feine Dame».

Für Kinder heißt Theaterspielen, sich zu verkleiden und so zu tun, als sei man eine andere Person. Dann gesellen sich andere Personen dazu, es passiert etwas, und danach ist alles vorbei. Das Publikum applaudiert (wichtig, man braucht mindestens einen Onkel oder Opa!). Im Prinzip funktioniert das so auch auf der richtigen Bühne.

Natürlich braucht man ein Handlungsgerüst: Welche Personen spielen mit? Gibt es in dem Stück Gute und Böse? Wie verhalten sie sich? Klug, ängstlich, gemein? Wo befinden sich die Personen am Anfang, wo gehen sie hin? Haben sie ein Problem? Wer ist schuld daran? Wie versuchen sie, es zu lösen? Wer hilft ihnen? Was passiert zum Schluss?

Je nach Wetter kann man die Bühne drinnen oder draußen aufbauen. Ideal ist eine Bühne mit Tür, durch die die Schauspieler auf- und abtreten können. Im Gang oder Zimmer dahinter deponiert man Kostüme und Requisiten. Für einen Nebenraum kann man auch den hinteren Teil der Bühne abtrennen, in dem man eine Schnur spannt und ein Laken als Sichtschutz darüberhängt. Sobald das Stück und die Rollen feststehen, macht man eine Liste der benötigten Möbel und Gegenstände. Nicht zu viele oder sperrige Requisiten auswählen, damit das Aufstellen und Abräumen bei der Aufführung wie am Schnürchen klappt. Nun die zur Rolle passenden Kostüme aussuchen. Die Prinzessin trägt ein helles, langes Kleid und Krone, der Räuber Hut und Bart. Und der Erbschleicher steckt in einem Sakko und hat glatt nach hinten gegeltes Haar. Geschminkt wird mit Faschings- oder Theaterschminke. Normales Make-up ist nicht ausdrucksstark genug.

Schauspieler müssen sich auch ausdrucksstark bewegen. Besonders beliebt: der Bühnenkampf. Damit niemand verletzt wird, braucht man viel Körperbeherrschung und Geschicklichkeit. Zuerst trainiert man Zweikämpfe. Massenschlägereien à la Bud Spencer & Terence Hill hebt man sich für später auf.

Boxen: Fäuste ballen, mit einer Faust ausholen und auf den Gegner zielen. Bevor man den anderen berührt, den Schlag abstoppen und sich gleichzeitig mit der anderen Faust selbst gegen das Schlüsselbein schlagen.

Ohrfeigen: Kräftig ausholen, kurz vor der Wange abstoppen und dabei laut «paff» rufen. (Oder das Opfer jault «autsch!») Immer auf die Wange, die vom Publikum abgewandt ist, zielen, damit die Zuschauer den Trick nicht sehen.

Irgendwann geht einer zu Boden. Auch das muss man üben: Langsam auf die Knie gehen und seitwärts hinsetzen. Jetzt die eine Hand ans Herz drücken. Mit der anderen stützt man sich ab und schiebt dann den Unterarm vor, bis Arm, Oberkörper und Beine ausgestreckt sind. Dann den Kopf auf die Schulter sinken lassen.

Jetzt braucht es noch Geräusche, am besten live selber machen. Donner: Mit einem großen Stück dünnem Blech die Luft fächeln. Rascheln und knisterndes Feuer: Zeitungs- oder Backpapier zusammenknäulen. Pferdegetrappel: Mit zwei leeren Plastikbechern, offene Seite unten, rhythmisch auf den Tisch trommeln. Regen: Butterbrotpapier mit einem Gummiring über ein leeres Glas spannen und darauf Reisekörner rieseln lassen. Gespensterstimmung: Langsam in die Öffnung einer dickbauchigen, leeren Flasche blasen. Metallketten schütteln.

Vorhang auf: Applaus!

63 Wie lernt mein Kind, selbst auf sich aufzupassen?

Auf der Straße, auf öffentlichen Spielplätzen und in Parks machen sich Eltern die meisten Sorgen um die Sicherheit ihres Kindes. Da man nicht weiß, wie ein Kind im Ernstfall reagiert, muss man ihm klare Verhaltensregeln an die Hand geben.

Ein paar Basics: Nur Personen, die die Eltern dafür bestimmt haben, dürfen das Kind von Kindergarten, Schule oder Freunden abholen. Kommt etwas dazwischen, muss es warten, bis die Erzieherin oder der Lehrer Kontakt mit ihnen aufgenommen hat.

Ein Kind darf niemals an ein fremdes Auto herantreten, um eine Auskunft zu erteilen, oder gar mit Fremden mitgehen, um ihnen beispielsweise eine Straße zu zeigen. Hier kann man erklären: «Erwachsene fragen einen Erwachsenen, kein Kind.

Wenn du angesprochen wirst, gehst du wortlos weiter und auf direktem Weg nach Hause. Du darfst mit niemanden mitgehen, wenn ich nicht Bescheid weiß, egal, ob Mann oder Frau.»

Kinder sollten, wenn sie unbetreut unterwegs sind, möglichst in der Gruppe, mindestens zu dritt, losziehen. Falls sich ein Kind verletzt oder nicht wohlfühlt, kann dann einer Hilfe holen und der andere vor Ort bleiben. Ansonsten lautet die Regel. «Wir gehen gemeinsam los und kommen gemeinsam heim.» Auch wenn es Streit gibt.

Pünktlich und vor Einbruch der Dämmerung geht es nach Hause. Das heißt, lieber zehn Minuten früher als zehn Minuten zu spät starten. Uhrzeit ausmachen!

Zur Sicherheit im Straßenverkehr: Kinder sind noch nicht in der Lage, mehrere Abläufe gleichzeitig zu koordinieren. Weil das räumliche Sehen noch nicht ausreichend entwickelt ist, orientieren sie sich meist über das Gehör und können weder Fahrgeschwindigkeit noch Entfernung richtig einschätzen. Außerdem können sie wegen ihrer Körpergröße das Verkehrsgeschehen nicht überblicken.

Der beste Tipp, um Kinder verkehrssicher zu machen: häufig mit ihnen zu Fuß gehen. Dabei trainiert man: auf dem Gehweg auf der Häuserseite gehen, den Verkehr beobachten, Straßen nur an Ampeln und übersichtlichen Ecken überqueren, und zwar zügig.

Mit dem Rad dürfen Kinder erst nach der Radprüfung in der vierten oder fünften Klasse zur Schule fahren. Generell sollten Kinder nur auf Radwegen fahren oder auf dem Bürgersteig. Mit Helm!

Was Kinder sonst noch wissen und mit Erwachsenen (später allein!) üben müssen: Beim Klettern in Bäumen immer auf dicke, feste Äste nah beim Stamm treten. Immer nur eine Hand (oder einen Fuß) loslassen, denn nur mit drei festen Haltepunkten ist man sicher.

In kein Gewässer springen, das man nicht kennt. Man weiß nicht, was unter Wasser ist und woran man sich verletzen kann.

Feuer nur auf Erde, Steinen, Blech und unter freiem Himmel

machen. Und niemals bei Wind. Die Funken können wegfliegen und trockene Blätter oder Zweige entzünden. Feuermachen muss man richtig unter Aufsicht üben. Und auch, wie man Feuer sicher löscht!

Auf zugefrorene Teiche, Seen, Kanäle nur gehen, wenn mehrere Erwachsene schon auf dem Eis sind, und niemals bei Tauwetter. Auch wenn es so aussieht, als ob es hält.

64 Mein Kind will ein Haustier – muss das sein?

Oft wünschen sich Kinder ein Haustier, doch sobald es kein Puppy mehr ist, verlieren sie das Interesse. Was läuft da falsch?

Nichts. Es beweist nur, dass das «Kindchenschema» artübergreifend funktioniert. Kindliche Proportionen, große Augen, runde Stirn, kleine Stupsnase, wie sie Babys haben, kennt man auch bei Katzen- oder Hundewelpen. Sie lösen Pflege- und Fürsorgebereitschaft aus, was wiederum hormonell durch das Bindungshormon Oxytocin unterstützt wird. Dieses Phänomen ist bei jungen Haustieren natürlich viel ausgeprägter als bei ausgewachsenen.

Kinder merken schnell, dass ein Tier Arbeit macht und Zeit kostet. Der Hund muss auch bei Kälte und Regen vor die Tür, das Meerschweinchen-Gehege regelmäßig gereinigt werden. Hinzu kommt, dass Kinder nur wenig für Routine übrighaben. Man denke nur an die Diskussionen zum Thema Hausaufgaben oder Müll runtertragen! Wenn sie die Pflege eines Haustieres vernachlässigen, bedeutet das nicht, dass sie ihr Tier nicht mehr lieben, sondern dass ihnen die damit verbundenen Verpflichtungen einfach lästig sind.

Keinesfalls sollte man also ein Tier nur deshalb anschaffen, um seinem Kind etwas Gutes zu tun. Ein Haustier ist ein Familienprojekt – und es geht meist über viele Jahre. Bevor man ein Tier anschafft, muss man sich also nicht nur genau über die Bedürfnisse dieser Tierart informieren, sondern auch die aktuellen und in Zukunft zu erwartenden Bedürfnisse aller Familienmitglieder durchgehen. Hat man sich dann gemeinsam entschieden, muss auch Papa mal auf den Anpfiff eines Fußballmatchs verzichten, wenn der Hund raus muss, und der große Bruder kann sich nicht dauernd hinter Matheschulaufgaben verschanzen. Prinzipiell sollten Kinder Aufgaben übernehmen, die sie gerne und freiwillig machen. Dann lernen sie dabei, Rücksicht zu nehmen, über den eigenen Tellerrand zu schauen, Einfühlungsvermögen, Fürsorge.

Die meisten Kinder wünschen sich eine enge körperliche und emotionale Beziehung zu ihrem Haustier. Deshalb sollte man sich an sehr sozialen Tierarten orientieren. Zum Beispiel... an Ratten. Das sind witzige, intelligente, agile und hochsoziale Tiere, die zu ihrem Menschen eine sehr intensive Beziehung aufbauen können und auch mit quirligen Kindern gut zurechtkommen. Ratten haben keine besonderen Ansprüche an das Futter, man kann ihnen tolle Gehege bauen, ihnen kleine Tricks beibringen oder einfach mit der Ratte unterm T-Shirt auf dem Sofa liegen und fernsehen. Ganz anders der Hamster. Da muss man schon viel tüfteln, um seinem Schützling mit ausgeklügelten Gehegen ein artgerechtes Leben zu ermöglichen. Eine ideale Lösung wurde bis heute noch nicht gefunden. Und es braucht viel Geduld, bis man seinen Hamster abends mal kurz sieht oder gar sein Vertrauen gewinnt.

Der Kontakt mit Tieren tut Kindern gut, aber dafür braucht man nicht unbedingt ein eigenes Haustier. Mit Tieren kann man auch im eigenen Garten, im Park, im Streichelzoo, auf Waldspaziergängen oder geführten Wanderungen mit Tierbeobachtungen in Kontakt zu kommen. Es gibt auch die Möglichkeit von Betreuungspatenschaften in Tierheimen. Vielleicht wohnt auch jemand in der Nähe, der sich freut, wenn ein Kind die Urlaubsbetreuung seines Haustieres übernimmt. Vermutlich wird es dann nicht der goldblonde Retrieverpuppy werden, sondern eher ein älterer, leicht grantelnder Dackelmischling, vielleicht ein etwas träger Haflinger statt des schmucken Tinkers. Aber gerade das sollte der Zugang zu Tieren sein – sich um ihrer selbst willen um sie zu kümmern.

65 Ab wann braucht mein Kind ein Handy?

Laut Kids-Verbraucheranalyse 2012 besitzen 3,2 Millionen der 6,04 Millionen sechs- bis dreizehnjährigen Kinder in Deutschland ein Handy, davon 17 Prozent ein Smartphone. Das beantwortet allerdings noch nicht die Frage, ab wann ein Kind ein Handy braucht und ob überhaupt. Das hängt von den Lebensumständen und der Einstellung der Eltern ab, insbesondere zu den Themen Sicherheit und Kontrolle. Für eine wachsende Zahl spielen diese Aspekte die entscheidende Rolle. Naturgemäß sehen das Kinder heute anders. Für sie ist das Handy ein Alltagsgegenstand, so selbstverständlich wie Messer und Gabel.

Die meisten Kinder bekommen ein sogenanntes Kinderhandy mit der Einschulung oder dann, wenn sie sich ohne Begleitung draußen bewegen. Kinderhandys haben in aller Regel speziell zugeschnittene Funktionen, etwa die Guardian Function, die in Notfällen Eltern oder andere Bezugspersonen anruft, ohne dass man eine Nummer wählen muss. Viele besitzen auch einen GPS-Sender, der lokalisieren kann, wo sich das Kind aufhält.

Grundschulkinder werden eher angerufen, als dass sie selbst anrufen, und wenn sie telefonieren, dann in erster Linie mit den Eltern. An Freunde werden aus Kostengründen überwiegend SMS geschickt. Gespielt wird mit Kinderhandys eher selten. Ganz anders sieht die Sache allerdings bei Smartphones aus. Hier werden auch gern Fotos und Filme verschickt.

Um die Kosten im Rahmen zu halten, sollte man sich die speziellen Kindertarife genau ansehen. Zwar sind bestimmte Rufnummern vergünstigt oder kostenlos, dafür kommen aber Grundgebühren oder hohe Minutenpreise dazu. Eine bessere Kostenkontrolle ermöglichen Prepaid-Angebote. Ist das Guthaben aufgebraucht, können keine kostenpflichtigen Leistungen mehr genutzt werden, trotzdem ist das Kind noch erreichbar.

Für rund zehn Euro im Monat kann man SMS- oder Internet-Flatrates dazubuchen. Unbedingt sollte man durch den Anbieter die sogenannte Drittanbieter-Sperre aktivieren lassen, um zu verhindern, dass Anbieter von Musik, Spielen oder Klingeltönen über den Mobilfunkbetreiber Geld vom Guthaben einziehen.

Übrigens: Dank Handy kommunizieren viele Eltern und Kinder wieder mehr miteinander – es ist so einfach und es ist cool. Die Netzsprache mit Abkürzungen und Emoticons erweitert zudem verbale Fähigkeiten. Was Eltern tun können: Ihr Kind nur anrufen, wenn es wirklich dringend ist, und sich kurzfassen. Deutlich machen, warum man wichtige Gespräche doch besser persönlich und nicht per SMS führt. Zur Persönlichkeitsbildung gehört auch, erst nachzudenken, statt seine Gefühle und Gedanken immer sofort völlig ungefiltert und unreflektiert einzutippen.

Nur wenige Kinder legen Handy und Smartphone abends freiwillig beiseite. Es kann daher sinnvoll sein, darauf zu achten, dass es komplett ausgeschaltet und erst morgens wieder eingeschaltet wird.

Filme und Fernsehen – was und wie lange? 66

Kinder unter drei gehören grundsätzlich nicht vor den Fernseher. Darin sind sich Psychologen und Medienwissenschaftler einig. Kleinkinder können die bunten, schnellen Bilder nicht in ihre Erfahrungswelt einbauen. Außerdem bekommt es ihnen nicht, wenn sie wie kleine Buddhas vor der Glotze hocken, anstatt sich zu bewegen. Wenn ein Zweijähriger ausnahmsweise mit der großen Schwester die Sendung mit der Maus sieht, ist das kein Drama, sollte aber nicht zur Gewohnheit werden. Apropos Drama: Erfahrungsgemäß sind Kinder besonders dann vom Fernsehen besessen, wenn die Fernsehgewohnheiten ihrer Eltern ausgeufert sind. Der Fernseher sollte nicht das Familienleben bestimmen, auch nicht einrichtungstechnisch. Wenn Sofa und Sessel vor dem Apparat gruppiert sind, setzt das ein entsprechendes Signal.

Zu den Fernsehzeiten: Maximal eine halbe Stunde für Vorschulkinder, aber nicht täglich. Grundschulkinder müssen mit einer Stunde fernsehen leben, möglichst auch nicht täglich. Bei einem kranken Kind wird man vielleicht mal eine Ausnahme machen, aber Kinder sollten tunlichst nicht den Eindruck bekommen, Fernsehen sei ein notweniger Teil des Alltagslebens.

Bei Vorschulkindern sollten Eltern grundsätzlich mitschauen, bei älteren Kindern auch, wenn sie die Sendung nicht kennen. Dann können sie ihrem Kind helfen, die Geschehnisse auf dem Bildschirm richtig einzuordnen, und zum Beispiel erklären, dass es lustig gemeint ist, wenn die Schweine in «Shaun das Schaf» mit Müll schießen.

Welche Sendungen sind geeignet? Das kommt auf das Kind an. Manche lieben Märchen, andere Zeichentrickfilme, wieder andere Wissenssendungen, wobei man sich hier nicht allzu große Illusionen über den Lerneffekt machen sollte. Wie man Brot bäckt, lernt ein Kind in der echten Küche, nicht bei der Sendung mit der Maus. (Hinweise auf geeignete Sendungen bekommt man bei der Programmberatung flimmo.de).

DVDs sind eine gute Alternative zu dem oft mäßigen Kinderprogramm. Es gibt eine Reihe von hervorragenden Kinderfilmen, die Kinder gern mehr als einmal anschauen und die auch für Erwachsene unterhaltsam sind. Außerdem kann man den Film nach Bedarf starten und stoppen. (Im Hinblick darauf kann die Anschaffung eines Media Receivers für den Fernseher sinnvoll sein.) Nach dem Fernsehen geht es erst einmal an die frische Luft. Fernsehen kann nämlich ziemlich schlechte Laune machen.

67 Games und Apps – leben Kinder heute in einer virtuellen Welt?

Für Kinder gibt es nicht zwei Welten. Sie erweitern nur ihr soziales Leben ins Netz und in die digitale Welt. Für viele Eltern ist das schwierig zu akzeptieren, weil sie das so nicht kennen. Bedenken, ob die Beschäftigung mit «neuen» Medien «gesund» ist, sind nichts Neues. Der Dichter Matthias Claudius machte sich schon vor 250 Jahren Gedanken darüber, ob seine ständig schmökernden Söhne Johannes und Fritz nicht den Kontakt zum wirklichen Leben verlieren, sich die Augen verderben und ob Seele und Schulnoten Schaden nehmen würden. Auch damals haben Kinder zwischen Buchseiten gesucht, was sie heute in modernen Medien finden: Information, Wissen, Unterhaltung und manchmal auch Trost.

Seit der Erfindung von Buchdruck, Fotografie, Film und Fernsehen haben Medienerfahrungen den Lebensalltag mitgeprägt. Heute gibt es durch die vielen interaktiven Möglichkeiten eine neue, faszinierende Dimension der Wissensvermittlung und natürlich auch der Unterhaltung.

Um mediale Informationen oder Erfahrungen zu verarbeiten und sinnvoll zu nutzen, brauchen Kinder allerdings ganz besonders viele reale Tätigkeiten. Nur zuzuschauen, wie «virtuelle» Kinder am Bach spielen oder einen Drachen bauen, kann die Erfahrung Wasser und Drachenbauen nicht ersetzen, sondern im besten Fall dazu anregen, selbst tätig zu werden. Gefragt sind also aktive Eltern, die ihr Kind unterstützen, mediale Erfahrungen in die Realität umzusetzen.

Die Mediennutzung sollte immer nur eine Aktivität neben anderen sein, eingebettet in ein vielseitiges, anregendes Umfeld, das zum Lernen animiert, aber auch Faulenzen, Unterhaltung und Spaß zulässt. Das ist wichtiger als die Frage, wie lang genau sich ein Kind mit einem Computerspiel oder einer App beschäftigen darf.

Trotzdem sollte man Spielzeiten vereinbaren und darauf achten, dass sie eingehalten werden. Für Kinder von drei bis vier empfehlen Experten insgesamt 15 Min pro Tag «Screen-Time», das heißt also inklusive Fernsehen! Bei den Vier- bis Sechsjährigen nicht länger als insgesamt 30 Minuten (ausschließlich im Beisein eines Elternteils), für Grundschulkinder bis zwölf maximal 60 Minuten. Daran sollte man sich im Interesse seines Kindes halten, auch wenn man damit auf Widerstand stößt.

Viele Auseinandersetzungen um Computer und Spielkonsole rühren daher, dass die Geräte im Kinder- oder Arbeitszimmer

stehen. Die Kinder ziehen sich zurück und spielen dann oft viel
zu lange. Hier ein Trick: Spielgeräte, egal ob Nintendo, Spielkonsole oder Tablet, an dem Platz aufstellen, wo am meisten los
ist, zum Beispiel in der Küche. Und dann am besten noch den
Ton ausschalten. Es hält die emotionale Temperatur erfreulich
niedrig, wenn nichts kracht, dröhnt oder piepst. Außerdem halten Familiengespräche und die Katze, die nach der Milch jault,
die reale Welt außerhalb des Bildschirms präsent. Und wenn
Eltern, Freunde oder Geschwister im Vorübergehen sagen, «super, du hast Joshi, den Dino, besiegt», erfüllen diese Spiele sogar
eine soziale Funktion.

Gefährlich wird es, wo die mediale Welt so attraktiv wird,
dass sich ein Kind nur noch im Netz aufhält. Vor allem Online-
spiele sind Zeitfresser und oft auch vom ethischen Ambiente
her eher fragwürdig. Wenn sich Kinder ins Netz zurückziehen,
muss man der Sache nachgehen. Die Gründe liegen dann allerdings nicht in den Medien, sondern in der Realität, und müssen
dort bearbeitet werden.

68 Muss ich alles wissen, was mein Kind im Internet macht?

Früher gab es ein Telefon, und das stand in der Diele. Jeder in der
Familie konnte mithören, wenn Freunde anriefen. Heute hat
beinahe jedes Kind nicht nur ein eigenes Zimmer, sondern auch
ein eigenes Handy und einen eigenen Computer mit Internetan-
schluss. Ein paar Zahlen:

Kinder zwischen vier und fünf Jahren haben zu 23 Prozent
Computererfahrung. 14 Prozent finden sich schon im Internet
zurecht.

Kindern ab sechs Jahren haben zu 80 Prozent einen Compu-
terzugang und nutzen das Internet zu 74 Prozent (4,5 Millionen
Kinder).

Von den Kindern ab zehn Jahren ist etwa jedes zweite fast
täglich «online».

Während Eltern früher die Freunde und Klassenkameraden

und deren Eltern kannten, pflegen Kinder heute eine Vielzahl von «medialen» Kontakten und Freundschaften, von denen ihre Eltern keinen blassen Schimmer haben. Das ist natürlich beunruhigend, und das dringende Bedürfnis, zu erfahren, mit wem bzw. womit sich ein Kind da eigentlich stundenlang beschäftigt, mehr als verständlich.

Aber Kinder haben auch ein Recht auf eine Privatsphäre. Sie können nur lernen, sich autonom und vertrauenswürdig zu verhalten, wenn man sie nicht ständig kontrolliert, weder im Netz noch auf dem Handy. Kinder verlagern die Suche nach Selbständigkeit und Unabhängigkeit gerade deshalb gern ins Netz, weil sie wissen, dass Eltern dort nicht so ohne weiteres reinschauen können. Nicht zuletzt sind die Kontrollmöglichkeiten begrenzt, zur Not wird eben beim Freund gesurft.

An dieser Stelle deshalb erst einmal Entwarnung: Über 60 Prozent der Dinge, die Kinder und Jugendliche ins Netz stellen, sind kreative Arbeiten, Songs, Witze, Zeichnungen, kleine Filme und Geschichten. Aber Achtung: Das, was man ins Netz stellt, bleibt dort – im Prinzip für immer. Eltern sollten sich einmal mit den Kindern gemeinsam die WaybackMachine anschauen. Das Internetarchiv speichert seit 1996 weltweit Ansichten und Information von allen auffindbaren Webseiten.

Nicht nur deshalb müssen Eltern allen minderjährigen Kindern hin und wieder über die Schulter schauen. Diese Aufsichtspflicht schreibt ihnen der Gesetzgeber nämlich vor. Sie sollten wissen, wo sich ihre Kinder im Netz bewegen, und klarmachen, dass sie von Zeit zu Zeit die Netzaktivitäten unangekündigt kontrollieren. Das ist auch notwendig, um bei Verdacht auf anstößige Inhalte und Cyber-Mobbing möglichst sofort reagieren zu können. Wenn Gefahr im Verzug ist, wendet man sich umgehend an den Jugendschutzbeauftragten des jeweiligen Netzbetreibers. Aber auch andere Fallstricke des weltweiten Netzes sollte man mit den Kindern besprechen, etwa wie man auf Belästigungen, Verletzung der Netiquette, unerwünschte Werbung oder elektronische Kettenbriefe reagiert.

Die größten Gefahren lauern beim Datenschutz, Persönlichkeitsrecht und Urheberrecht. Durch Datenmissbrauch können Kinder Opfer werden oder selbst, bewusst oder unbewusst, Persönlichkeitsrechte verletzen, etwa wenn sie ein Foto ins Netz stellen, auf dem sie mit Freunden zu sehen sind. Oft schmücken sich Kinder auch mit Zitaten aus Massenmedien oder gruppieren in ihren Profilen Cartoons oder Musikgruppen um sich und reichen sie damit weiter. Für Kinder ist schwer nachvollziehbar, was daran problematisch sein soll, weil es ja alle machen. Doch Urheberrechtsverletzungen können unter Umständen sehr teuer werden, und die Eltern haften. Man kann gar nicht früh genug über diese Sachverhalte aufklären.

Kinder unter dreizehn dürfen soziale Netzwerke wie Facebook nicht nutzen; wenn sie es dennoch tun (Facebook kontrolliert die selbst gewählte Alterseinstellung nicht!), ist das allein deshalb problematisch, weil sie in aller Regel keine Sicherheitsvorkehrungen treffen. Kinder melden sich am besten von einem Elternteil begleitet an (wichtige Hilfestellungen bietet dolphinsecure.de).

Viele Kinder chatten gern; dagegen ist nichts einzuwenden, sofern sie sich in moderierten oder betreuten Chats aufhalten. Hier werden Beiträge erst veröffentlicht, nachdem sie ein Moderator geprüft hat, und sie können zumindest nachträglich gelöscht werden, wenn sie gegen die Regeln verstoßen. Jeder Chat sollte eine Ignore-Funktion haben, dann kann jemand, der einem lästig ist, einen nicht mehr anschreiben.

Für Kinder nicht empfehlenswert sind die bekannten «Instant Messengers» wie ICQ, Skype u.a. Hier gibt es keine Moderatoren, wenn auch zumindest ein «Ignorieren». Instant-Messenger-Nummern/Namen dürfen auf keinen Fall in Online-Communities veröffentlicht werden.

Insgesamt gilt: Eltern sollten gut über die Medienräume und ihre Möglichkeiten, Risiken und neuesten Entwicklungen informiert sein; dann zeigen Kinder eine höhere Bereitschaft, zuzuhören und Ratschläge zu befolgen.

Wie kann ich mein Kind zum Lesen bringen? 69

Lesen ist nach wie vor die Schlüsselkompetenz, um die Welt im 21. Jahrhundert zu verstehen. Dabei ist es unerheblich, ob auf dem Tablet, am Computer oder im «altmodischen» Buch gelesen wird.

Was den Zugang zum Lesen erleichtert, sind zunächst Eltern, die selbst eine gewisse Begeisterung fürs Lesen zeigen und nicht nur darüber reden, wie wichtig Lesen ist. Wenn sie in eine Lektüre vertieft sind, statt vor dem Fernseher zu sitzen, schließen sich Kinder in aller Regel gern an.

Kinder wollen ans Buch herangeführt werden. Dazu muss man viel vorlesen. Das lieben übrigens auch noch große Kinder, die längst lesen können. Besonders gut kommt Lustiges und Schauriges an, in beiden Genres wird man in jedem Fall bei englischen Autoren fündig. Unter den vielen hervorragenden deutschsprachigen Kinder- und Jugendbuchautoren seien hier der Kürze halber nur Harry Rowohlt, Robert Gernhardt, Cornelia Funke und Michael Ende genannt, die zu den Must-haves gehören.

Bei Kindern ab zehn darf man ruhig zu sprachlich und inhaltlich anspruchsvoller Lektüre greifen, die Kinder von allein nicht lesen würden. Zum Beispiel zu einer Shakespeare-Komödie (in der Übersetzung von Thomas Brasch ein großer Spaß!), zu den Märchen von Oscar Wilde oder zu den Puschkin-Erzählungen.

Kinder lieben Bücher mit starken weiblichen oder männlichen Hauptfiguren. Letzteres ist vor allem bei Jungen wichtig und erfordert, dass man sich etwas Zeit nimmt und durch die Kinder- und Jugendbuchveröffentlichungen surft, um das aktuell Passende zu finden. Oder man lässt sich von einem gut informierten Buchhändler beraten. (Bücher von Louis Sacher oder Andreas Steinhöfel kommen oft gut an.)

Noch drei Tipps: Die Graphic Novel (Comic-Roman), wie «Gregs Tagebuch», das ursprünglich übrigens für Erwachsene geschrieben wurde, ist ein noch relativ junges, sehr vielversprechendes Genre und ein guter Einstieg für Lesemuffel.

Interessen und Hobbys kann man mit der entsprechenden Lektüre (Schach-, Computer-, Angel-, Pferde- oder Fußballzeitschriften) unterstützen. Was Kinder ans Buch fesselt, sind Gespräche über das, was sie gelesen haben. Also öfter mal nachfragen: «Wo bist du gerade? Das hört sich spannend an, erzähl mal...». Und nicht vergessen, von eigenen Leseerlebnissen zu berichten.

Lesen dürfen statt lesen müssen – und dafür länger aufbleiben dürfen – das funktioniert fast immer. Übrigens ist das Lesen auf dem Tablet auch ohne Nachttischlampe leise und augenschonend möglich und sehr zu empfehlen, wenn sich Kinder das Zimmer mit einem jüngeren Geschwister teilen.

Disziplin und Manieren

Kann man Selbstdisziplin spielerisch vermitteln? **70**

In Supernanny-Zeiten, wo die «Knüppel-aus-dem-Sack-Pädagogik» fröhliche Urstände feiert, wird gern so getan, als ob es einen verbindlichen Kanon in Disziplinfragen gäbe, mit dem sich das Verhalten eines Kindes regeln ließe, damit es alsbald so wünschenswerte Eigenschaften wie Rücksichtnahme, Selbstbeherrschung, Verantwortungsgefühl, Einfühlsamkeit und so weiter verinnerlicht. Diesen Kanon gibt es nicht. Weil «mit jedem Kind etwas Neues in die Welt kommt», wie die Philosophin Hannah Arendt schreibt. Dieses Neue muss geschätzt und auf eine liebevolle Art und Weise in die Gesellschaft und ihre Regeln integriert werden. Das heißt, Eltern müssen auf diese Einzigartigkeit eingehen, damit sie die für ihr Kind geeignete Gangart, Verlässlichkeit und Konsequenz aufbringen.

Was richtig und wichtig ist, lernen Kinder nicht durch Zuhören, sondern durch Selbsttun, und zwar nach dem Prinzip «Versuch und Irrtum». Kinder brauchen viele Gelegenheiten, wo sie möglichst selbständig, d.h. ohne dass Erwachsene ständig dazwischenfunken, Hand, Herz und Kopf erproben können. Dabei entwickeln sie Willenskraft, Ausdauer, Motivation und nicht zuletzt Selbstbeherrschung – das A und O der Disziplin und im nächsten Schritt der Selbstdisziplin.

Diesen Prozess können Eltern am besten unterstützen, indem sie bei allen notwendigen alltäglichen Verrichtungen für Übung und viele Wiederholungen und ansonsten für altersgerechte Wahlmöglichkeiten sorgen. Dazu gehört auch, darauf zu achten, dass ein Kind zu seinen Entscheidungen steht und diese nicht nach Lust und Laune über den Haufen wirft. Wenn es entscheidet, dass es lieber in die Badewanne will als Kinderstunde sehen, kann es natürlich nach drei Minuten wieder aus der Wanne hüpfen – aber sich dann doch vor der Glotze niederlassen, geht nicht.

Allerdings wird fast jedes Kind genau das tun wollen, weshalb sich Eltern oft inständig eine Autorität herbeisehnen, die gewissermaßen über ihnen schwebt und das Kind mit sanfter, aber starker Hand erzieht. Diese Instanz wüsste genau, wann man Abmachungen durchsetzen muss und wann man eine Regel vielleicht mal ein bisschen weiter auslegen darf. Aber leider sind Eltern auf die eigene Urteilskraft und auf ihr Bauchgefühl angewiesen. Natürlich dürfen sie auch mal losdonnern («So geht das aber nicht!»), vorausgesetzt, sie sind sich darüber im Klaren, dass solche Maßnahmen in Sachen Disziplin wenig bringen.

Bis ein Kind in der Lage ist, sich selbst eine gewisse Disziplin aufzuerlegen, dauert es viele Jahre und braucht viel Geduld und Zuversicht seitens der Eltern. Das Beste, was man seinem Kind mitgeben kann, ist der unbeirrbare Glaube, ‹mein Kind schafft das eines Tages aus eigener Kraft und eigener Einsicht›.

Man kann Selbstdisziplin durchaus auch entspannt vermitteln. Grundregel: positiv sagen, was ein Kind tun, nicht, was es lassen soll. Also: «Wasch dir die Hände vor dem Essen», «Streite mit Worten». «Setz dich an die Hausaufgaben». Nicht: «Schlag deinen Bruder nicht» oder «Du hast schon wieder schmutzige Hände».

Hilfreich sind auch verlässliche Strukturen, die den Tagesablauf regeln, und eine überschaubare Haus-Ordnung, an die sich alle halten: Die schmutzige Wäsche kommt in den Wäschekorb, gegessen wird in der Küche, Fluchen ist nur wie bei «Madita» in den Schrank hinein erlaubt.

Manchmal hilft es, das erwünschte Verhalten vorzuspielen. Wenn ein Kind schon wieder mit dem Stuhl kippelt oder mit den Fingern ins Essen greift, kann man sagen: «Wir spielen jetzt, dass du mit dem Kippeln aufhörst, wenn ich ‹Stopp› sage.» Wichtig ist, dass das Kind weiß, dass es wirklich nur ein Spiel ist. Man sollte also gelassen bleiben, wenn das Kippeln fünf Minuten später wieder losgeht, und eine neue Spielrunde vorschlagen.

Bei jüngeren Kindern lassen sich auch Fingerpuppen einset-

zen, um eine Verhaltensänderung zu bewirken. Dabei übernimmt eine Fingerpuppe die Rolle des Kindes. Mit ihr spielt
man vor, wie man ein bestimmtes Benehmen erlebt. Dann
nimmt man eine zweite Puppe dazu, die beispielsweise fragt:
«Siehst du, wie sich Lilly aufregt, wenn sie die Zähne putzen
soll? Hast du eine Idee, wie ich ihr das beibringen kann?»

Fast immer machen Kinder brauchbare Vorschläge. Vielleicht kann Lilly beim Zähneputzen eine CD hören? Lästige Regeln einzuhalten ist einfacher, wenn man dabei ein bisschen
Unterhaltung hat.

Ältere Kinder können lernen, sich selbst Regeln zu setzen,
und Vorschläge machen, was passieren soll, wenn sie sich nicht
daran halten. So kommen Eltern gar nicht so selten in den Ge-
nuss, für eine mildere Beurteilung zu plädieren.

Schadet ein Klaps auf Hand oder Po? 71

Die meisten Eltern sind beschämt und verzweifelt, wenn ihnen
die Hand ausrutscht, etwa weil ein Dreijähriger immer wieder
den kleinen Bruder beißt. Deshalb: Ein Klaps, wenn es denn einer ist und wenn es bei einem bleibt, hat keine traumatisierende
Wirkung. Trotzdem hat Gewalt in der Erziehung nichts zu suchen, unabhängig davon, was der Gesetzgeber dazu sagt. (In
Deutschland ist die körperliche Züchtigung verboten, im Gegensatz zu einigen anderen europäischen Ländern und den
USA.)

Die meisten Eltern hauen aus Not. Weil sie nicht mehr weiter
wissen. Weil sie sich Sorgen machen oder Angst haben. Weil sie
denken, sie schaffen es sonst nicht, ihrem Kind Disziplin und
soziale Regeln zu vermitteln. Auf Nachfrage ist jedoch nur eine
Minderheit vom pädagogischen Wert überzeugt. Zu Recht. Es
gibt schließlich andere Möglichkeiten, einem Kind zu vermitteln, dass es «jetzt!» reicht.

Dauerquengeln und schrilles Gezeter sind der Hauptgrund,
warum Eltern die Hand ausrutscht. Hier kann man vorbauen.
Bevor sich das Kind in die Nörgelei hineinsteigert, muss man

den Schalter umlegen und etwas Überraschendes vorschlagen. «Du willst auch nicht mehr laufen, oder? Wir könnten uns auf der Bank dort drüben ein bisschen ausruhen. Ich bin so müde, du auch?»

Wichtig ist, in Krisensituationen Präsenz zu zeigen. Kinder lassen sich nicht fernsteuern. Das merkt man jedes Mal, wenn man vergeblich quer über den Spielplatz ruft, «hör auf, deinen kleinen Bruder mit der Schaufel zu hauen». Also hingehen. Körperkontakt ist in aller Regel wirksamer als Worte, weil durch die Berührung der Tiefensinn angesprochen wird, der für die Eigenwahrnehmung des Körpers zuständig ist. Die Botschaft dringt tiefer ein. Aus diesem Grund werden übrigens auch Verträge und Versprechen mit Handschlag besiegelt. Wenn ein Kind um sich schlägt, beißt, etwas mit Vorsatz kaputt machen will, hält man es fest. Ist das nicht möglich, zieht man sich kurz zurück, bis es sich beruhigt hat. Allerdings ohne Drohungen («ich lass dich jetzt allein») und auch nur in einer sicheren Umgebung, in der es sich nicht in Gefahr bringen kann.

Ab fünf kann man dann durchaus Straf-Cents einführen. Zum Beispiel bei wiederholtem Treten und Spucken. Die Cents kann das Kind dann durch Aufmerksamkeit, Sorgfalt, Hilfsbereitschaft, Freundlichkeit und Rücksichtnahme zurückerhalten. Bei nicht eingehaltenen Verabredungen kann man zur Not auch mal kleine Vorrechte entziehen («nein, du bekommst heute nicht als erster den Nachtisch»), ohne wirklich unfair zu sein – einfach, weil Vorschulkinder schon ein besseres Gedächtnis haben. Fernsehentzug oder Alleine-Essen sollte man allerdings nur in homöopathischen Dosierungen verabreichen, schon allein, weil sie sonst nicht mehr wirken und im Übrigen die familiäre Atmosphäre über Stunden oder gar Tage vergiften.

Wer öfter das Bedürfnis verspürt, seinem Kind einen Klaps zu geben, braucht mehr Unterstützung im Alltag, Atemholen und ein bisschen mehr Abstand. Aus etwas Distanz lässt sich wieder erkennen, dass das Leben mit all seinen ausgesprochenen und unausgesprochenen Regeln für Kinder wirklich kompliziert ist. Es dauert einfach, bis sie diese Regeln beherrschen.

Terrible Two –
warum sind Zweijährige so anstrengend? **72**

Mit etwa zwei wird aus dem Wonneproppen mit dickem Win-
delpaket eine kleine Persönlichkeit mit starkem Willen, unbän-
diger Neugier und Bewegungsfreude. Kinder entwickeln jetzt in
rasantem Tempo eine Reihe von Fähigkeiten und sind eifrig
bemüht, sich immer neue anzueignen. Der Psychologe Erik
Erikson spricht nicht zufällig vom Werksinn dieser Altersstufe.
Jetzt geht es richtig los mit dem Forschen und Ausprobieren.
Begeistert betätigen sich die Kleinen im Haushalt; Helfen gehört
zu ihrer Lieblingsbeschäftigung.

Die kleinen Heimwerker unfallfrei durch Alltag und Hausarbeit zu lotsen, ohne ihre Begeisterung zu dämpfen, ist anstrengend. Beim Boden wischen wird schon mal die halbe Wohnung
unter Wasser gesetzt. Schnell mal zum Supermarkt funktioniert auch nicht. Jeder Stein wird auf dem Weg dahin umge-
dreht, Stöckchen und Blätter werden gesammelt.

Anstrengend ist auch, dass die Kleinen noch nicht warten
können. Noch muss alles «pronto!» passieren, noch sind Minuten eine Ewigkeit. Trotzdem gehört warten können zu den Fähigkeiten, die Kinder brauchen, um außerhalb der Familie, im
Kindergarten und auf dem Spielplatz zurechtzukommen. Das
Zeitgefühl kann man durchaus ein bisschen trainieren: «Ich be-
reite jetzt den Salat vor, wenn ich fertig bin, kannst du die Soße
anrühren.» «Papa telefoniert zehn Minuten, dann gehen wir zusammen auf den Spielplatz.»

Der Spielplatz! Der Kontakt mit anderen Kindern geht mit
vielen, teils temperamentvoll geführten Auseinandersetzungen
einher. Auch das kann an den Nerven zerren, vielleicht etwas
weniger, wenn man sich bewusst macht, dass die Kleinen dabei
soziale Verhaltensweisen wie Rücksicht, Selbstbeherrschung
und Kompromissfähigkeit erlernen, aber auch Durchsetzungs-
vermögen und Selbstbewusstsein. Das ist wichtig, denn zwischen zwei und drei beginnt für die meisten die Kindergartenzeit.

Egal, womit sich Kinder jetzt beschäftigen, immer zeigt sich dabei, dass sie kleine Persönlichkeiten sind mit eigenem Willen, ausgeprägten Vorlieben und Abneigungen. Energisch bestehen sie darauf, die Dinge selbst in die Hand zu nehmen und auf ihre Weise zu tun. Nicht zufällig sprechen Kinder mit etwa zwei Jahren von sich nicht mehr in der dritten Person. Sie haben ihr Ich und mit diesem kleinen Wort auch ihre Identität entdeckt und damit eine wichtige emotionale und geistige Reifestufe erreicht.

Zwischen zwei und drei kündigt sich auch das Ende der Windelzeit an. Die meisten Kinder werden jetzt tagsüber sauber, vorausgesetzt, man mischt sich nicht ein. Das ist auch überflüssig. Mit Potty-Training werden Kinder auch nicht schneller «sauber». Oft hat es nur zur Folge, dass sie sich sehr energisch verweigern.

Das Nein spielt jetzt ohnehin eine große Rolle. Mit einem Nein grenzen die Kinder ihr eigenes Revier ab. Oft ist das Nein aber eigentlich ein Ja zu sich selbst. Übersetzt heißt es: «Ich kann das allein», «Ich will jetzt noch spielen» oder auch: «Ich kann eine andere Position als Mama und Papa einnehmen – das mag ich» und «wenn ich sage, was ich will, dann bin ich groß».

Für Außenstehende führen sich Kind und Eltern manchmal auf wie Pat und Patachon. Als wäre es ansteckend, bekommen Eltern bei solchen Gelegenheiten entweder ebenfalls einen Wutanfall oder brechen in schallendes Gelächter aus. Nein, dann hat man nicht den Verstand verloren, man ist nur einfach noch sehr eng mit seinem Kind verbunden. Da kann man schon mal dessen Wutanfälle und Hochgefühle so erleben, als seien es die eigenen.

Ebenso anstrengend wie das ständige Nein sind auch die vielen Warum-Fragen. Auf der einen Seite eignen sich die Kleinen darüber eine Menge Wissen an, gleichzeitig hinterfragen sie aber auch Autoritäten. Was sie bei fast jeder Warum-Frage eigentlich wissen wollen, ist: «Warum haben meine Eltern Macht über mich, wenn ich doch groß und selbständig sein will?»

Für ihre Autonomiebestrebungen brauchen Kinder viel Freiheit und Ermutigung – und die Sicherheit, jederzeit Schutz, Trost und Unterstützung zu finden.

So anstrengend diese Phase für Eltern ist, so bedeutsam ist für Kinder die Entdeckung und Durchsetzung des eigenen Willens im Hinblick auf die Entwicklung eines emotional stabilen Selbst. Am besten beteiligt man sein Kind an möglichst vielen einfachen, altersgerechten Entscheidungen («Käse oder Wurst?» «Blaue oder grüne Söckchen?»). Das gibt ihnen das Gefühl von Stärke, Kontrolle und Unabhängigkeit.

Kann man mit Lob Kinder bei der Stange halten? 73

Kinder brauchen Aufmerksamkeit und Anerkennung, sie wollen gesehen werden, so wie sie sind, und gelobt werden, wenn sie sich besonders angestrengt oder etwas besonders gut gemacht haben.

Lob, richtig dosiert, kann ein großer Motivator sein. Man muss allerdings aufpassen, dass man nicht zu früh lobt. Ein Kind, das wild durch die Gegend kickt, ist noch kein toller Fußballer. In solchen Fällen empfiehlt es sich, den Fokus auf das zu richten, was schon da ist. Man kann vielleicht sagen, «nicht schlecht, mein Lieber». Das Gefühl ‹das kann ich schon, und ich kann etwas dazulernen› überspielt das Fremdheitsgefühl, das sich einstellt, wenn man etwas Neues lernt und erst mal üben muss. In den schwierigen, langweiligen Übungsphasen, egal ob Fußball oder Blockflöte, sind Kinder nicht gern allein. Sie brauchen den ermutigenden Blick und die Unterstützung durch die richtigen Fragen, wenn sie nicht weiterkommen.

Bei demotivierten Kindern hilft Loben allerdings nicht. Hier geht es darum, herauszufinden, was stört, was fehlt und wo Stärken und Schwächen liegen. Die betroffenen Kinder brauchen Aufgaben, die sie bewältigen können, die ihnen so viel Freude machen, dass sie darüber die Zeit vergessen. Außerdem kann es nicht schaden, wenn sich Eltern mit den eigenen Erwartungen auseinandersetzen. Werden diese auf ein Kind projiziert, geht das meistens schief.

Motivation ist ein zartes Pflänzchen und kann leicht zerstört werden. Kinder besitzen noch keine Vergleichsmaßstäbe und müssen ja zunächst glauben, was andere von ihnen denken. Entsprechend behutsam sollte man sein Feed-back formulieren oder bei empfindlichen Kindern vielleicht ganz darauf verzichten. Die haben ja ohnehin schon alle Antennen ausgefahren und damit mögliche Kritik gleich vorweggenommen. Zu einem robusten Kind darf man allerdings schon mal sagen, «da musst du noch mal ran».

Das extrem leistungsorientierte Erziehungskonzept der vieldiskutierten chinesisch-amerikanischen «Tiger-Mom» Amy Chua kann man sehr kritisch sehen, aber in manchem hat sie nicht ganz Unrecht: Eltern müssen Anteil nehmen und klar sagen, was sie erwarten. Das wollen Kinder wissen. Und: Die Dinge machen erst richtig Spaß, wenn man sie gut kann. Im Übrigen ist Amy Chuas Buch «Die Mutter des Erfolgs» ein Bildungsroman, mit Betonung auf Roman. Und zwar einer des Scheiterns. Die jüngere Tochter begehrt heftig auf und lässt es auf einen Bruch ankommen, die ältere, angepasste Tochter zieht sich enttäuscht zurück, weil das mütterliche Interesse überwiegend der kleinen Rebellin gilt. Amy Chua bekennt, dass es ihr wiederholt misslungen ist, die Grenzen ihrer Kinder anzuerkennen und ihre Persönlichkeit zu achten.

74 Vulgäre Ausdrücke, Flüche und verbale Ausrutscher – wie soll ich darauf reagieren?

Aus Kindermund kommen nicht nur drollige Sprüche und fantasievolle Geschichten. Warum wohl? Gröbste Unfreundlichkeiten und mit Fäkalausdrücken gespickte Gemeinheiten dominieren das Nachmittagsfernsehen und Talent-Shows, die vier bis sechs Millionen Zuschauer regelmäßig sehen. Darunter nicht wenige Kinder, die jüngsten sind drei. Der rüde Umgangston hinterlässt Spuren im öffentlichen Raum, auf Spielplätzen, in Kindergärten, Schulen und leider auch in den Familien. Für verbale Entgleisungen allein das Fernsehen und eine Handvoll schlecht erzogener und mäßig begabter Moderatoren und Popmusiker verantwortlich zu machen, wäre allerdings ein bisschen

zu einfach. Was im Fernsehen und Netz vorgeführt wird, be-
kräftigt nur, was im Alltag stilbildend ist: Statt sich zu verständigen, brüllt man sich gegenseitig nieder, lässt einander nicht zu
Wort kommen und bringt sein Gegenüber mit Kraftausdrücken
und gehässigen Vergleichen zur Strecke. Jeder darf sagen, was er
denkt, und reden, wie ihm der Schnabel gewachsen ist.

Vielleicht klingt das jetzt hochtrabend, aber Worte und Spra-
che begründen – auch – die Würde des Menschen. Nur der
Mensch besitzt die einzigartige Fähigkeit, seine Gefühle und
Gedanken in Worte zu fassen.

Der Missbrauch von Sprache, ein obszöner, aggressiver
Wortschatz und ein grober Umgangston führen zu einer Vulga-
risierung und Verrohung der Persönlichkeit. Es gibt einen Zusammenhang zwischen einer vulgären, aggressiven Sprache auf
der einen Seite und mangelnder Empathie und Gewalt auf der
anderen Seite. Umgekehrt sorgt ein freundlicher Ton auch für
ein einigermaßen freundliches Miteinander. Natürlich ist nicht
jeder, der sich höflich ausdrückt, auch ein guter Mensch. Doch
ebenso wenig wird man behaupten können, dass unter Leuten,
die sich mit Beleidigungen verständigen, Menschen edler Gesin-
nung zu finden sind. Worte sind eben nicht nur Worte. Sprache
ist die Brücke, die die Innenwelt mit der Außenwelt verbindet.
Deshalb ist es so wichtig, wie man mit seinem Kind spricht.
Aber das reicht nicht. Eltern müssen auch darauf achten, wie ihr
Kind mit anderen spricht.

In den ersten fünf bis sechs Lebensjahren experimentieren
Kinder mit der Sprache. In dieser Phase benutzen fast alle mit
großer Begeisterung Kraftausdrücke. Die heißen übrigens nicht
von ungefähr so. Kraftausdrücke geben Kindern das Gefühl,
groß, stark und mutig zu sein. Vielleicht sind deshalb Jungen
dafür besonders empfänglich. Wenn sie wüste Beschimpfungen loslassen, ist das manchmal auch der Versuch, die Gefühle
zu kontrollieren und nicht handgreiflich zu werden – und insofern ein Fortschritt. Trotzdem muss man unmissverständlich
zum Ausdruck bringen: «Ich will nicht, dass du so sprichst. Und
zwar mit niemandem.»

Dass sich Kinder im Ton vergreifen und grobe Ausdrücke benutzen, ist dennoch normal. Schließlich muss man erst mal lernen, wo der feine Grat zwischen mutig oder gewitzt und unverschämt verläuft. Und dafür muss man eben den Mund aufmachen dürfen. Kinder sollen keine Duckmäuser und Jasager sein, sondern Menschen, die Meinungen und Überzeugungen haben und diese auch vertreten.

In der Pubertät wird Sprache besonders gern als Provokation eingesetzt, ähnlich wie grüne Haare und Mercedessterne im Ohrläppchen, mit denen einst Punks den Elternschreck gaben. Mädchen machen sich häufig einen überheblichen, abfälligen Ton zu eigen, während Jungen eher grob werden. Beides, gepaart mit der für dieses Alter typischen Egozentrik, ist nur schwer auszuhalten. Und, um es gleich zu sagen: Niemand muss das aushalten. Eltern haben das Recht zu erwidern: «Du bist sehr aufgebracht. Lass uns das später besprechen.» Bemerkungen wie «Such dir doch einen anderen Dummen, der dich rumkutschiert/bedient/so mit sich reden lässt», verkneift man sich dagegen besser. Es gibt Teenager, die solche Aufforderungen wörtlich nehmen und sich tatsächlich nach anderen Leuten umschauen. In der Regel nach den falschen.

Sollte einem in der Hitze des Gefechts selbst etwas Gemeines herausrutschen, entschuldigt man sich am besten sofort und erklärt, warum man das gesagt hat und warum das falsch war. So versteht das Kind, dass man den Umgangston in jedem Alter und jeder Position regulieren muss. Woran sich Kinder ein Leben lang erinnern, was sie durchs Leben trägt, sind nicht tolle Geburtstagspartys oder Kinobesuche, sondern die Stimmung in der Familie, und die macht man eben auch mit der Stimme.

75 Warum lieben Kinder Schmuddelkram?

In den meisten Kindern steckt etwas unbändig Albernes und eine große Faszination für alles Unanständige und Schmuddelige. Aufgeklärte, ernsthaft bemühte Eltern mögen denken, dass eine lockere, offene Atmosphäre Kindern – zumindest, was den

Schmuddelkram betrifft – den Wind aus den Segeln nimmt,
doch das klappt eher selten. Man kann ungezwungen nackt in
der Wohnung herumlaufen und sachlich genau über Ausschei-
dungen reden, aber kaum kann der Nachwuchs sprechen, träl-
lert er auch schon: «Es dampft die Kacke in dem Topf...»

Die Angelegenheit als kindisch abtun oder einfach verbieten,
funktioniert nicht. Dürfen sich Kinder hierbei nicht zu Hause
ausleben, heißt das noch lange nicht, dass der Schmuddelkram
aus der Welt geschafft ist. Sobald die wohlerzogenen Kinder aus
«anständigen» Elternhäusern zu Besuch sind, werden sie in eine
Ecke gezogen, und eine kleine Stimme wispert: «Wollen wir Po-
pel an die Türklinken kleben?» Natürlich wollen sie! Falls sie
nicht gerade im «Hexenrestaurant» Suppe aus Kellerasseln und
Küchenabfällen «kochen », die anschließend einem unschuldi-
gen Gast unter Kichern und Prusten vorgesetzt wird.

Das Gruseln und die Schmuddelspiele, vom Weitspucken bis
zum zielgenauen Pinkeln vom Balkon, das Experimentieren mit
Schimpfwörtern, die unanständigen Witze, das alles gehört zu
den Lieblingsbeschäftigungen der Fünf- bis Zehnjährigen. Sie
spüren, dass Chaos und Regellosigkeit zum Leben dazugehören. Sie ahnen, dass die menschliche Existenz auch dunkle Seiten hat und heftige Gefühle erzeugen kann: Scham, Angst, Ekel.
Mit diesen Empfindungen müssen sie zurechtkommen. Das
gelingt am besten, wenn sie lustvoll im Matsch wühlen, «Dok-
tor» spielen und unanständige Witze und Schauergeschichten
erzählen dürfen. Mitunter entfalten sie dabei ein beträchtliches
kreatives Potential. Mancher unanständige Spruch hat in der
Kombination von groteskem Blödsinn und Anarchie beinahe
literarische Qualität. Einschlägige Witze und Zeichnungen,
Grusel- und Ekelgeschichten werden bevorzugt auf Toiletten
oder in geheimen Ecken ausgetauscht. Das signalisiert deutlich:
«Erwachsene sollen sich raushalten.»

Problematisch wird es, wenn sich Kinder nur noch damit
befassen und andere mit anstößigen, Angst einflößenden Beschäftigungen bedrängen. Dann muss die Grenzüberschrei-
tung markiert werden: «Stopp! Bis hierher und nicht weiter.»

Kinder spüren genau, wie Erwachsene das, was sie tun, bewerten. Aber hoffentlich mit Humor und Verständnis und ohne moralischen Zeigefinger. Umso eher lernen sie, die Regeln und Normen der Erwachsenenwelt zu verstehen.

76 Ab wann sind gute Manieren wichtig?

Von Anfang an. Gute Manieren sind kein Selbstzweck, sondern untrennbar mit dem Respekt vor anderen verbunden. Es geht also letztlich nicht um die Form, sondern um das Einfühlungsvermögen. Es bildet sich nicht von selbst aus, sondern muss vorgelebt und geübt werden.

Sichere Umgangsformen sind eine gute Basis, um zu einem freundlichen, emotional stabilen Erwachsenen heranzuwachsen. Gute Manieren haben nämlich eine Echowirkung: Freundliche, einfühlsame, rücksichtsvolle Kinder werden von anderen freundlich aufgenommen. Das positive Feedback ermöglicht es ihnen, sich frei und sicher zu bewegen, unkompliziert mit anderen in Kontakt zu treten und Freundschaften zu schließen.

Kinder mit schlechten Umgangsformen stoßen dagegen häufig auf Ablehnung, sie werden oft kritisiert und in Auseinandersetzungen verwickelt. Um gute Gewohnheiten zu entwickeln, braucht es Zeit und Geduld. Am besten sagt man sich, dass keine böse Absicht dahintersteckt, wenn ein Kind «schon wieder» mit offenem Mund kaut, in der Nase bohrt oder mit den Fingern isst, sondern dass es einfach nur schrecklich vergesslich ist. Das hat eine für alle entspannende Wirkung.

Anstandsregeln werden leider oft in Form von Verboten ausgedrückt, effektiver ist es jedoch, wenn man sagt, was man will: «Benutze bitte Messer und Gabel.» «Nimm den Finger aus der Nase/die Hände aus den Hosentaschen.»

Hier ein paar grundsätzliche Benimm-Fragen:

Was ist, wenn man Gähnen, Niesen und Husten muss? Dann hält man die Hand bzw. ein Taschentuch vor Nase und Mund und wendet sich ab. Man gähnt nicht mit offenem Mund und putzt seine Nase möglichst geräuscharm.

Muss ich pünktlich sein? Ja. Möglichst immer. Verspätet man sich um mehr als zehn Minuten, gibt man Bescheid.

Muss man jedem Hallo sagen? Jeder, der ins Haus kommt, wird begrüßt, damit er sich willkommen fühlt. Erwachsenen, die man nicht so gut kennt, gibt man die Hand. Neben Hallo, Tschüss und Ciao sollte man auch die konventionellen Grußformeln kennen.

Darf man am Telefon Hallo sagen? Ja, dann nennt man seinen Namen, erklärt kurz, was man will oder erkundigt sich, was der Anrufer möchte.

Darf ich flüstern? In Gesellschaft gilt das als unhöflich. Wird man gefragt, spricht man deutlich. Es heißt übrigens «wie bitte?», nicht «was?».

Muss man immer Bitte, Danke und Entschuldigung sagen? Ja, damit zeigt man anderen seine Wertschätzung. Wenn jemand anderer einem einen Gefallen tut, der etwas länger dauert, schickt man eine Karte oder eine Mail. Für Geschenke und Einladungen bedankt man sich innerhalb von drei Tagen.

Muss man die Tür aufhalten? Ja. Nach Möglichkeit lässt man sie auch nicht dem Nachfolgenden ins Gesicht fallen, sondern hält sie auf, bis er sie erreicht hat.

Muss man in öffentlichen Verkehrsmitteln aufstehen? Wenn alte Menschen keinen Sitzplatz haben oder eine Mutter mit einem Baby stehen muss, wäre das schon nett, falls man nicht gerade selbst sehr müde ist. Die Füße gehören unter, nicht auf den Sitz. Man sitzt einigermaßen gerade und nicht mit weit gespreizten Beinen. Die Musik so einstellen, dass der Nachbar nicht mithören muss.

Umgangsformen in aller Kürze, die Kinder beim Schuleintritt beherrschen sollten:

* Bitte und danke sagen.
* Begrüßen, verabschieden, sich mit Namen vorstellen.
* Begrüßungs- und Abschiedsformeln kennen, nicht nur «Hallo» und «Tschüss».
* Die Hand geben. Kinder müssen und sollten auch nicht je-

den umarmen und küssen! Das dient ihrem persönlichen
Schutz.

* Sich entschuldigen, wenn man jemand im Gespräch oder
bei einer Tätigkeit unterbrechen muss.

* Erwachsene, die nicht zur Familie und zum Freundeskreis
gehören, siezen.

* Sich für Einladungen und Geschenke bedanken. Auch
schriftlich. (Kinder, die noch nicht schreiben können, malen ein Bild.)

* Wissen, dass das Telefon kein Spielzeug ist. Man meldet
sich mit Namen und fragt, ob man etwas ausrichten kann.

* Fragen, bevor man etwas anfasst, was einem nicht gehört.

* Geliehene Dinge zurückzugeben. Sich entschuldigen, wenn
man etwas kaputt gemacht hat.

* Anderen helfen oder etwas leihen. Auch dann, wenn sie
nicht beste Freunde sind.

77 Zu Tisch, bitte: Dürfen Kinder mit den Fingern essen?

Tischmanieren wurden früher äußerst streng eingeübt, gerade-
zu eingedrillt. Das hat sich geändert, aber welche Regeln gelten
auch heute noch? Hier ein paar Antworten des Freiherrn von
Knigge speziell für Kinder:

* Darf man die Ellbogen aufstützen? Im Prinzip nein. Aber,
wenn man gerade sehr müde ist, ist das okay – zu Hause.
Bei Einladungen muss man sich zusammennehmen: gerade sitzen mit den Händen auf dem Tisch.

* Muss man warten, bis alle am Tisch sitzen, ehe man mit
dem Essen anfängt? Ja, es sei denn, es handelt sich um ein
Büffet. Die Tafel wird aufgehoben, wenn alle fertig sind. Hat
man es sehr eilig, fragt man, ob man früher aufstehen darf.

* Darf man sich selbst bedienen? Natürlich. Aber bitte nicht
quer über den Tisch nach der Butterdose greifen, sondern
sie sich reichen lassen. Gibt es nur noch wenig, fragt man,
ob man den Rest haben darf.

★ Muss ich, wenn ich zu Besuch bin, alles essen? Nein, wenn gesundheitliche oder religiöse Gründe dagegen sprechen. Ansonsten sollte man wenigstens bisschen probieren.

★ Muss man immer mit Besteck essen? Nein. Es gibt vieles, was man mit den Fingern essen darf. Obst, Rohkostdips, Kekse, belegte Brote, Geflügel, Pommes und Pizzaecken. Für alles andere benutzt, wer kein Baby mehr ist, ein Besteck. Messer und Gabel nimmt man zwischen Daumen und Zeigefinger, nicht in die Faust. Gabel und Löffel werden zum Mund geführt, nicht umgekehrt. Mit dem Besteck in der Hand möglichst nicht gestikulieren. Und nicht den kleinen Bruder pieken! Braucht man eine Serviette? Ja, um sich Mund und Finger abzuwischen. Wenn die Serviette gerade nicht benutzt wird, liegt sie auf dem Schoß. Sie ist kein Taschentuch und auch keine Waffe, um seinem Tischnachbarn eins überzuziehen.

★ Darf man beim Essen reden? Unbedingt. Nur Themen, die Ärger oder Sorgen bereiten, bespricht man lieber zu einem anderen Zeitpunkt. Gespräche über Kalorien und Diäten gehören auch nicht an den Tisch. Was gar nicht geht, sind Mäkeln am Essen und Sprechen mit vollem Mund. Der bleibt beim Kauen bitte zu.

★ Darf man aufstoßen und «einen fahren lassen»? Das tut man eigentlich grundsätzlich nicht, weil mit kräftigen Gerüchen verbunden. Lässt es sich nicht vermeiden, macht man kein Aufhebens, sondern öffnet das Fenster.

★ Und wenn man dringend muss? Dann sagt man: «Entschuldigung, ich muss zur Toilette» oder noch besser «ich bin gleich wieder da.» Ein lautes «Ich geh pieseln/pullern» ist nur Kindergartenkindern erlaubt.

Muss man alles hundertmal sagen?   **78**

Ja. Mindestens. Meistens geht es nur um Banalitäten. Kind 1 soll «endlich» die Spülmaschine einräumen, Kind 2 «sofort!» den Computer ausmachen, Kind 3 «bitte!» Geige üben und Kind 4 «freundlicherweise» eine Serviette benutzen. All diese Dinge muss man sehr, sehr oft sagen.

Es gibt Erziehungstheoretiker, die überzeugt sind, dass es genügen müsste, einem Kind einmal, vielleicht dreimal zu sagen, dass man sich vor dem Schlafengehen die Zähne putzen muss und Klimmzüge am Waschbecken verboten sind. Vorausgesetzt, man erklärt es richtig. Das ist nicht ganz falsch. Andererseits stimmt auch das: «Wenn man etwas einmal sagt und es funktioniert, nennt man das Drill. Wenn man etwas hundertmal sagt, nennt man das Erziehung.»

So lästig die vielen Erklärungen, Erinnerungen und Ermahnungen sind, ohne kommen Kinder nicht durchs Leben. Die Schwierigkeit für Eltern liegt darin, sich nicht in Rage zu reden. Das gelingt nicht immer. An manchen Tagen können Eltern ausgesprochen uncharmant werden, «bloß» wegen einer verlorenen Mütze. Dass es bereits die zweite innerhalb von sechs Wochen war, an solche «Kleinigkeiten» denken Kinder nicht. Und zwar nicht, weil sie dumm und verzogen sind, sondern, weil es ihnen noch an Wissen, Erfahrung und Umsicht fehlt, um bestimmte Situationen überblicken und beurteilen zu können.

Mit fünf, sechs Jahren kann ein Kind einen Zusammenhang zwischen Mütze und kalten Ohren herstellen, mit acht oder neun vielleicht einen zwischen Mütze, kalten Ohren und Schnupfen und mit zwölf hoffentlich einen zwischen Mütze, kalten Ohren, Erkältung und dem Einkommen der Eltern. Man sieht, es braucht Zeit, bis allein die Sache mit der Mütze klappt.

Trotzdem dürfen Eltern nicht im Sumpf trübsinniger Ermahnungen und entnervter Nörgelei versinken. Kindern spüren sehr genau den «Willenskern» eines Wortes, und es macht einen großen Unterschied, ob in Aufforderungen und Ermahnungen Resignation und Pessimismus mitschwingen oder aber Humor und Zuversicht. Außerdem belastet eine ständig gereizte Atmosphäre die Beziehungen zwischen Eltern und Kindern weit mehr als echte Meinungsverschiedenheiten. Apropos Meinungsverschiedenheiten: Kinder sind selten zu mehr Rücksicht,

Höflichkeit, Aufmerksamkeit und Zusammenarbeit bereit als ihre Eltern. Wer sein Kind anschreit, weil ihm versehentlich ein Glas runtergefallen ist, braucht sich nicht zu wundern, wenn es allenfalls widerwillig und nur nach dreimaliger Aufforderung den Tisch deckt.

Die wichtigste Voraussetzung, um gute Gewohnheiten zu bilden, ist eine rhythmische Lebensgestaltung, zu der die jahrelange (!) Pflege alltäglicher Regeln und Rituale gehört. Damit ist vor allem das öde Einerlei von Aufräumen bis Zähneputzen gemeint. Am besten geht man ein Bündnis mit seinem Kind ein und sorgt dafür, dass es nicht den Zaungast spielt. Solange Kinder beispielsweise erleben, dass Jeans, Pullis und T-Shirts wie von Zauberhand im Wäschekorb landen und später frisch gewaschen und gebügelt im Schrank liegen, werden sie nicht verstehen, was falsch daran sein soll, sie überall herumliegen zu lassen.

Vermeiden sollte man auch das Wort Lust. «Ich habe keine Lust, dir alles hinterherzutragen», ist natürlich nur eine Floskel, aber Kinder bekommen dadurch den Eindruck, es komme in erster Linie darauf an, ob man zu etwas Lust hat oder nicht. Die meisten Dinge müssen schlicht erledigt werden, ganz gleich, ob man Lust hat oder nicht.

Kommen Kinder ohne Druck gar nicht mehr in die Gänge oder missachten sie Anweisungen ständig und aus Prinzip, muss man herausfinden, woran das liegt. Manchmal suchen sie einen Schauplatz für Machtkämpfe, manchmal haben sich aber auch Warnungen und Ermahnungen zu oft als nutzlos, unpraktisch oder unangebracht erwiesen. Menschliches Verhalten ist erfolgsorientiert. Erst wenn Kinder den Wert eines Zieles erkennen, gelingt es ihnen auch, eigenständig und ohne Aufforderung sinnvoll zu handeln.

Lernen, Fördern, Schule

79 Wie, wo und wann lernen Kinder eigentlich?

Kinder werden bereits mit einem erstaunlichen Wissen geboren und sind schon in den ersten Lebenswochen zu verblüffenden Leistungen fähig. Sie denken, beobachten, experimentieren und können Schlüsse ziehen. Mit drei Monaten sind sie in der Lage, mögliche von unmöglichen physikalischen Ereignissen zu unterscheiden, mit sechs Monaten können sie Kategorien bilden, wissen also, dass ein Hund kein Möbelstück ist, und spätestens mit zwölf Monaten können sie die Wirkungen ihrer Handlungen bereits gedanklich vorwegnehmen.

Doch was macht man mit diesen Erkenntnissen? Heißt das, Kinder sollten am besten schon mit drei Lesen, Rechnen und Fremdsprachen lernen? Ja, meinen die einen unter Verweis auf die sogenannten Zeitfenster, jenseits derer Förderung angeblich nur noch ins Leere zielt. Nein, sagen seriöse Hirnforscher. Viele Erkenntnisse der Neurowissenschaften wurden verkürzt oder falsch verstanden. Natürlich gibt es Zeitfenster, aber von ganz wenigen kennt man genau Anfang und Ende. Vom räumlichen Sehen weiß man, dass es massiv gefährdet ist, wenn es sich nicht bis zum fünften Lebensjahr entwickelt hat. Doch nicht einmal dieses Zeitfenster ist dann wasserdicht geschlossen, sondern die Fähigkeit kann – mit großem Aufwand – auch noch mit acht oder neun Jahren trainiert werden.

Auch das Fenster für den akzentfreien Fremdsprachenerwerb ist noch nicht klar. Nur wenn jemand mit dreizehn Jahren überhaupt noch nicht mit einer anderen Sprache in Berührung gekommen ist, wird er ein Leben lang Probleme damit haben. Das trifft allerdings auf die wenigsten Kinder zu.

Wie wenig sinnvoll auch das frühe Rechnen lernen ist, beschreiben die Psychologinnen Kathy Hirsh-Pasek und Roberta Michnick Golinkoff in ihrem Buch »Einstein Never Used Flashcards«. Erst mit vier bis fünf können Kinder richtig zählen und

Zahlen zuordnen. In diesem Alter fangen sie auch an weiterzu-
zählen. Voraussetzung dafür ist ein gewisses Maß an Aufmerksamkeit und Selbstbeherrschung, Eigenschaften, die von den
Stirnlappen kontrolliert werden, einer Hirnregion, die im Vergleich mit dem gesamten Gehirn am langsamsten heranreift.

Eine Studie des amerikanischen National Bureau of Econo-
mic Research hat untersucht, ob der Besuch eines Kindergar-
tens, wo Drei- und Vierjährige bereits lesen üben, sich auf die
Schullaufbahn günstig auswirkt. Sie kam zu dem Ergebnis: Bis
zum Ende des ersten Grundschuljahrs büßen Kinder ihren Leis-
tungsvorsprung wieder ein. Mit einer Ausnahme: Kinder aus
bildungsfernen Schichten. Sie schneiden auch später noch besser ab als benachteiligte Kinder ohne Frühförderung.

Dennoch geraten immer mehr Eltern unter Druck und
fürchten, dass ihr Kind auf der Strecke bleibt, wenn sie es nicht
von klein auf gezielt fördern. Diese Sorge ist unberechtigt. Alle
Kinder lernen mit Leidenschaft und am liebsten und besten
selbstbestimmt, spielerisch und mit allen Sinnen. Und wo? In
der Natur, einer hochkomplexen Umgebung, die dem Gehirn
alles bietet, was es braucht, finden Kinder auf jeder Ebene die
schönsten Anregungen: die kleinen Steine und Matsch und die
größeren Pflanzen und Tiere.

Macht Frühförderung intelligent und erfolgreich? 80

In der Diskussion um die Frühförderung wird oft der Eindruck
vermittelt, dass, wenn man früh genug anfängt und es richtig
anstellt, Kinder im späteren Leben erfolgreich und glücklich
werden.

Das ist ein großes Missverständnis. Das Gehirn ist kein Sparbuch, auf das man einen Betrag X einzahlt und nach ein paar
Jahren den Betrag Y bekommt. So funktioniert Lernen nicht.
Die hohen Erwartungen, die mit einer frühen Förderung verbunden werden, sind überzogen.

Um zu entscheiden, welche Aktivitäten in den ersten drei,
vier Lebensjahren sinnvoll sind, sollten sich Eltern nach den In-

teressen und Vorlieben ihres Kindes und denen der Familie richten, nicht danach, was das Nachbarskind macht oder was angeblich für ein bestimmtes Alter sinnvoll ist.

Erst ab etwa vier Jahren sind Kinder überhaupt offen für instruktives, stärker angeleitetes Lernen. Dann haben sie aufgebaut, was man «theory of mind» nennt. Sie können die Perspektive eines anderen einnehmen, Gedanken und Gefühle eines anderen Menschen in das eigene Denken integrieren. Sobald Kinder das beherrschen, ist etwas mehr Spezialisierung durchaus sinnvoll. Wenn man sein Kind auf das Lesen vorbereiten möchte, ist phonologische Bewusstheit wichtig. Um Buchstaben mit den entsprechenden Lauten verbinden zu können, muss ein Kind ein Gefühl für die akustische Form der Sprache bekommen. Das lässt sich vermitteln, indem man viel zusammen singt, reimt, Silben klatscht. Auf Mathematik kann man vorbereiten, indem man über Symmetrien spricht und spielerisch zählt, zum Beispiel beim Treppensteigen, nicht, indem man Rechenaufgaben stellt.

Auch an Naturwissenschaften kann man heranführen. Dabei sollte man mehr auf Tiefenstrukturen als auf Oberflächenmerkmale achten: Warum sind sich beispielsweise Wal und Hund ähnlicher als Wal und Haifisch? Das können Kinder leichter verstehen, wenn sie schon wissen, dass man Tiere sehr unterschiedlich klassifizieren kann. Zum Beispiel danach, wie sie sich fortpflanzen, wie groß sie sind und was sie fressen.

Klassifizieren lernen Kinder am besten über eine ihre Lieblingsbeschäftigungen, das Sammeln. Hier kann man vorschlagen, eine Sammlung mal anders zu klassifizieren. Zum Beispiel Steine statt nach Größe nach dem Fundort zu sortieren.

Und die Klassiker Kleinkinderturnen und musikalische Früherziehung? Natürlich sind sie durchaus sinnvoll – vorausgesetzt, diese Beschäftigungen machen dem Kind Freude.

Lernforscher warnen vor der Erwartung, dass sich durch eine frühe Förderung die Intelligenz steigern lässt. Ob ein Kind später hohe oder niedrige kognitive Werte entwickelt, hat man nicht in der Hand. Was Eltern dagegen beeinflussen können, ist die Selbstregulation. Um erfolgreich zu lernen, müssen Kinder Frustrationstoleranz aufbauen und verstehen, dass die Dinge nicht immer so sind, wie man sie gern hätte. Dazu müssen sie viel selbstbestimmt machen und in sich hineinhören, um herauszufinden, was sie wollen. Und das klappt am besten, wenn sie nicht von morgens bis abends beschult werden.

Problematisch wird es auch, wenn bestimmte Aktivitäten nur Mittel zum Zweck sind. Flöten- oder Klavierunterricht sollte in erster Linie Spaß machen und nicht deshalb praktiziert werden, weil Musik das analytische Denken und mathematische Verständnis fördert. Mozart macht nicht schlau, jedenfalls nicht schlauer als andere Dinge auch. Es gibt also keinen Grund, ein Kind ein Instrument lernen zu lassen, wenn es das nicht will. Zugegeben, Instrumentalunterricht ist ein gutes Erziehungsmittel, um Kinder an Regelmäßigkeit und Ausdauer zu gewöhnen. Aber nicht das einzige.

Entscheidend ist, dass Kinder in den Jahren vor der Schule den Lebens- und Arbeitsalltag ihrer unmittelbaren Umgebung kennenlernen. So gehört zu einem guten Kindergarten nicht Chinesisch für Kids, sondern der Besuch einer Bäckerei oder Gärtnerei.

Wann und wie sollte mein Kind mit Fremdsprachen vertraut werden? 81

Weltweit wächst jedes zweite Kind zwei- oder mehrsprachig auf. Sorgen, dass man sein Kind damit überfordert, muss man sich nicht machen. Das Gehirn hat Platz für viele Sprachen, sagen Sprachexperten. Die Muttersprachenkompetenz profitiert sogar durch das Lernen einer weiteren Sprache, umso mehr, je besser sie gesprochen wird. Sprachenlernen ist für Kinder kein Stress, sondern ein vergnügliches Spiel. Sie sind neugierig und haben keine Hemmungen, Laute anderer Sprachen nachzusprechen. Je früher sie damit anfangen, desto besser.

Selbstverständlich sind gute Englischkenntnisse, wie überhaupt Fremdsprachen, wichtig für alle zukünftigen Global Player. Aber damit sollte man keinen Aufwand betreiben. «Opportunity and need» sind die wichtigsten Faktoren für den Fremdsprachenerwerb, sagt die Lernforscherin Elsbeth Stern von der ETH Zürich. Wenn die Sprache in den Alltag integriert ist und ein Kind Freunde oder Cousins hat, deren Mutter-/Vatersprache Englisch oder Spanisch ist, kann man durchaus auch über einen bilingualen Kindergarten nachdenken. Unsinnig ist es dagegen, wenn Kindergartenkinder, die noch kein echtes Huhn gesehen haben, in einem Englischkurs das Wort «chicken» lernen sollen.

Um das Gefühl für Fremdsprachen zu fördern, braucht es kein Früh-Englisch und keinen Kinderrussischkurs, sondern Kontakt zu fremdsprachigen Kindern. Im Kindergarten, in der U-Bahn oder im Supermarkt, überall kann man fremde Sprachen hören. Das genügt schon, um das Interesse eines Kindes zu wecken und Sprachenbewusstsein auszubilden. Wenn es erlebt, wie andere Kinder im Alltag problemlos zwischen zwei oder mehr Sprachen wechseln, erfährt es, dass Fremdsprachen etwas Bereicherndes sind. Und das ist eine gute Voraussetzung, um selbst einmal erfolgreich Sprachen zu lernen. Bevor es damit in der (Grund-)Schule losgeht, spricht nichts dagegen, sein Kind ein wenig mit einer oder mehreren Fremdsprachen vertraut zu machen. Dafür eignen sich (und reichen aus) neben den Kontakten zu mehrsprachigen Kindern vor allem Spiele, Bücher, Reime und Lieder.

82 Was sagen Intelligenztests aus?

Bis heute sind sich die Forscher nicht einig, was Intelligenz wirklich ausmacht. Nur das steht fest: Es gibt keinen zwingenden Zusammenhang zwischen Intelligenz und Schulerfolg, dafür eine ganze Reihe von hochintelligenten, äußerst erfolgreichen Menschen, die nur sehr mäßige Leistungen in der Schule erbrachten oder diese sogar abgebrochen haben. Darunter sind Thomas Edison, Winston Churchill, Isaac Newton und Leo Tolstoi. Die Schule darf man bei diesem Thema also getrost beiseite lassen.

Intelligenztests im Kindesalter sind überflüssig. Mit den gängigen Tests lässt sich in erster Linie messen, ob man gut logische Schlüsse ziehen und sich geistig auf neue Situationen einstellen kann. Das Potential, das Kinder mitbringen, ist das eine. Das andere und Entscheidende ist das Umfeld – Familie, Wohnumgebung, Schule, Freunde. Von ihnen hängt ab, ob und was ein Kind aus seinem Potential macht.

Fest steht: Es gibt keinen Bildungsinhalt, der für bestimmte Kinder nicht geeignet ist, weil sie nicht die entsprechenden kognitiven Ressourcen besitzen. Der große Philosoph und Pädagoge Comenius hatte den Anspruch, «alle alles zu lehren». Entscheidend ist, die Gegenstände so aufzubereiten, dass sie für jedes Kind eine Bedeutung bekommen, und jedes Kind dabei zu unterstützen, sich diese Gegenstände zu erarbeiten. Dafür schaut man sich am besten an, womit sich Kinder beschäftigen: Lara, 5, und Tobias, 6, rühren einen Zauberbrei aus Erde, Zuckerwatte und Seifenresten. Marceline, 10, verarztet ihr Knie. Sie hat ein neues Kunststück auf ihren Inlineskates ausprobiert. Das ist schiefgegangen, aber gleich wird sie zum nächsten Versuch ansetzen. Tami, 3, baut einen Turm aus alten Joghurtbechern und wirft ihn immer wieder um, Jonathan, 12, imitiert Oliver Pocher, wie er Boris Becker imitiert, und Charlotte, 8, möchte nicht gestört werden. Sie trainiert gerade ihren Hund. Ganz normale Kinderbeschäftigungen? Wissenschaftler sehen darin auch etwas anderes. Was Kinder intensiv tun, ist der Schlüssel zu der Art und Weise, wie sie ihre Intelligenz einsetzen. Der amerikanische Intelligenzforscher Howard Gardner hat sieben Formen der Wissenserfassung definiert. In aller Regel zeigen sich bei jedem Kind zwei, drei oder mehr. Diese sind miteinander verbunden, funktionieren aber auch unabhängig voneinander. Vor allem jedoch sind sie nicht unveränderlich festgelegt, sondern können wie Muskeln im Lauf eines Lebens zunehmen (und abnehmen), wenn sie entsprechend ernährt und trainiert werden.

Visuell-räumliche Intelligenz: Dazu gehört eine ausgeprägte Beobachtungsgabe. Kinder können detailliert von Ereignissen erzählen und in Bildern denken. Sie bauen und basteln gern und realisieren Gedankenbilder mit unterschiedlichen Materialien.

Sprachliche Intelligenz: Diese Kinder sprechen früh und viel, experimentieren mit Sprache, erfinden und verfremden Worte, reimen und sammeln neue Worte und ausgefallene Formulierungen. Sie haben ein gutes Gedächtnis und können ganze Passagen von Kinderbüchern auswendig.

Musische Intelligenz: Diese Kinder singen und tanzen gern, erkennen Melodien nach einmaligem Hören wieder, haben ein ausgeprägtes Rhythmusgefühl, machen mit Fantasieinstrumenten Musik.

Kinästhetische Intelligenz: Diese Kinder bewegen sich gewandt und drücken Gefühle und Gedanken über Bewegung aus. Sie sind handwerklich geschickt, basteln und reparieren gern.

Logisch-mathematische Intelligenz: Diese Kinder gehen sicher mit Mengen und Zahlen um und können abstrakt und logisch denken und Probleme analysieren.

Soziale Intelligenz: Diese Kinder sind kontaktfreudig, kommunikativ, teamfähig und gute Beobachter. Sie können die Dinge aus der Perspektive des anderen sehen, ohne den eigenen Standpunkt zu verlieren.

Intrapersonale Intelligenz: Diese Kinder haben ein gutes Gespür dafür, was ihnen wichtig ist und wie sie sich fühlen. Sie beschäftigen sich gern allein, sind selbstdiszipliniert und zielorientiert.

Alle diese Facetten der Intelligenz muss man nicht testen und nicht messen. Nur wenn ernste Anhaltspunkte zum Beispiel auf eine massive Entwicklungsverzögerung hindeuten, können differenzierte Intelligenztests eventuell helfen, das Kind besser zu verstehen.

83 Muss ich mir Sorgen machen, wenn mein Kind nicht so weit ist wie andere?

Vergleiche hinken bekanntlich, ganz besonders, wenn es um

Kinder geht. Für keinen Bereich der kindlichen Entwicklung gibt es nur *ein* richtiges Alter. Neue Untersuchungen legen nahe, dass sogar die bisher als unheilbar geltende Amblyopie, das Unvermögen, räumlich zu sehen, geheilt werden kann.

Der Entwicklungsstand setzt sich immer aus genetischer Basis, Lebensalter und Umweltanregung zusammen. Das bedeutet: Jedes Kind hat sein eigenes Tempo, Unterschiede zwischen Kindern gleichen Alters sind völlig normal. Das Sprechen wird am besten zwischen dem ersten und dritten Lebensjahr erlernt, es gibt aber auch Kinder, die erst mit vier richtig losplappern. Irgendwann zwischen 9 und 15 Monaten machen Kinder die ersten Schritte, manche allerdings auch viel später oder aber früher.

Damit man einen zu behandelnden Entwicklungsrückstand rechtzeitig erkennt, ist es wichtig, die Vorsorgeuntersuchungen wahrzunehmen. Tests wie die Progress Assessment Chart (PAC) können systematisch den aktuellen Entwicklungsstand erfassen. Ansonsten empfehlen Kinderärzte und Entwicklungspsychologen bis zur Einschulung Ruhe und eine weite Sicht. Das gilt auch und ganz besonders im Hinblick auf die vielzitierten Zeitfenster. Richtig ist, dass es günstige Phasen für bestimmte Lernerfahrungen gibt. Aber es öffnen sich immer wieder neue Fenster. Für Eltern heißt «lange Sicht»: Was einem im Augenblick den Schlaf raubt, kann in ein paar Monaten völlig anders aussehen. Viele Schwierigkeiten lösen sich ganz einfach in Luft auf. Das bedeutet nicht, Auffälligkeiten oder Probleme auf die leichte Schulter zu nehmen. Was auch immer einem Sorgen macht, sollte man mit Menschen besprechen, die das Kind gut kennen und etwas Abstand haben. Ein Gespräch mit Außenstehenden, etwa mit einer Erzieherin, ist hilfreich, weil andere manches sehen, was einem selbst entgeht. Sie könnten zum Beispiel im Trotz Ausdauer und Willensstärke erkennen und in der Langsamkeit eine besondere Beobachtungsgabe und Behutsamkeit.

In jedem Kinderleben gibt es Phasen, in denen scheinbar keine Fortschritte stattfinden oder die Entwicklung sogar rückläufig ist. Das kann daran liegen, dass ein Kind gerade mit besonderen Belastungen oder Veränderungen zurechtkommen muss, mit einem Umzug, einer Trennung oder der Geburt eines Geschwisters. Manchmal gibt es auch keinen erkennbaren Grund, warum Max nicht mehr durchschläft und wieder die Flasche verlangt, und warum sich bei Sarah, die längst sauber ist, «potty regression» zeigt. Bis zum Ende der Pubertät greifen Kinder immer mal wieder auf Verhaltensweisen zurück, von denen Eltern glauben, dass sie längst überwunden sind.

Was Eltern und Kinder hier brauchen, sind Zeit, Zuversicht, Zutrauen, besonders, wenn bestimmte Kompetenzen oder erste (vor)schulische Lernerfahrungen Schwierigkeiten machen. Aus der Motivationsforschung weiß man: Wenn jemand scheitert, fragt er sich immer erstens, wer schuld ist, und zweitens, wie sich das Scheitern oder der Fehler auswirkt. Die Antwort auf die erste Frage, ob man sich oder der Welt die Schuld gibt, bestimmt das Gefühl der Selbstachtung. Die zweite, wie sich das Scheitern auswirkt, bestimmt, wie ein Kind auf einen Misserfolg reagiert. Eltern müssen ihrem Kind dabei helfen, dass es sich die richtigen Antworten gibt.

Ein Kind darf sich ruhig mal schlecht fühlen, weil es etwas nicht geschafft oder einen Fehler gemacht hat. Das verursacht auch keineswegs weitere Misserfolge. Wenn es aber glaubt, dass sein Scheitern ewig nachwirkt und alles erschüttert, führt das auf direktem Wege dazu, dass es keinen nächsten Versuch wagt, sich nicht mehr bemüht und nicht dazulernt. Das wiederum führt zu weiteren Misserfolgen, die nach und nach die Selbstachtung dauerhaft untergraben können. Kinder haben noch nicht die Distanz, um Verzagtheit und Unsicherheit als momentane Stimmung einzuordnen. Deshalb brauchen sie die Zuversicht ihrer Eltern, auch wenn sie nicht bei jedem Entwicklungsschritt die Nase vorn haben. Nach dem Einschulalter sollte man bei auffallenden Entwicklungsverzögerungen professionelle Beratung suchen.

84 Muss ich jede Kinderfrage beantworten?

«Wissen resultiert aus Fragen, Fragen sind das bedeutsamste intellektuelle Werkzeug, das Menschen zur Verfügung steht», sagt Neil Postman, der amerikanischer Medienexperte.

Zwischen zwei und drei Jahren lernen Kinder, die verschiedenen Funktionen von Sprache zu erfassen und anzuwenden: Sprache gibt kund («ich will ein Eis»), bildet etwas ab («das ist meine Puppe») und löst etwas aus («komm zu mir», «warum regnet es?»). In dieser Phase entwickeln sie eine große Leidenschaft für Fragen. Erstmals erleben die Kinder Sprache als Möglichkeit, Dinge zu klären und zu verstehen, und entdecken, dass Fragen ein Weg sind, ein Gespräch anzufangen und aufrechtzuerhalten. Jede Frage erweitert ihr Wissen und generiert eine neue Frage. Fragenstellen macht Kinder wirklich schlau, weil nichts besser ihre Aufmerksamkeit, Neugier und Kreativität trainiert.

Auch wenn es manchmal anstrengend und lästig ist, sollten Eltern Kinderfragen ernst nehmen und versuchen, darauf einzugehen. Hartnäckiges Nachfragen ist ein großartiges Training in Sachen Ausdauer, Willenskraft, Selbstbewusstsein und Zielstrebigkeit. Das monotone, durchaus auch nervige Wiederholen von «Waruhum?», ohne auf die Antwort zu achten, ist allerdings weniger Frage als Bitte um Aufmerksamkeit. Dann kann man sich auch mal aus dem Frage-Antwort-Kreisel lösen.

Ansonsten sollten Fragen kindgerecht und korrekt beantwortet werden. Darüber hinaus kann man auch schon Dreijährigen zeigen, wie und wo man selbständig nach Antworten suchen kann: zum Beispiel durch Beobachtung, auch in Bilder-, Tier- und Pflanzenbüchern. Mit Sechsjährigen kann man auch im Netz Erklärungen finden.

Beschäftigungen, die Kindern in der Frage-Phase besonderen Spaß machen, sind: Rätsel raten, Zoo- und Museumsbesuche und einfache Experimente mit Naturmaterialien.

Sind Reisen wichtig für die Horizonterweiterung? 85

Für Kinder bringen Reisen herrliche Abenteuer- und Robinson-Erfahrungen, die ganz nebenbei oft ein lebenslanges Interesse an Geschichte, Geographie, Biologie oder Sprachen wecken können. Auf Reisen ist alles neu und fremd, sogar Eltern und Geschwister sind anders. Auf Reisen lernt man überdies Zusammenhalt und Verzicht, weil man nicht alles, was man vergessen hat und braucht, nachkaufen kann. Man muss improvisieren und mit Vorräten sparsam umgehen. Sich an fremden Orten einzuleben und einzurichten ist eine wichtige Erfahrung, auch um sich später in der Welt zurechtzufinden.

Wenn man Cluburlaub in Antalya macht, ist das zwar auch eine andere Welt, aber eben eine reine Urlaubswelt. Kinder erleben dort vermutlich keine großen kulturellen Unterschiede zu ihrem sonstigen Leben. Reist man dagegen mit einem bayrischen Kind nach Föhr und macht eine Wanderung ins Watt, hat es einen Zugewinn über seine bisherigen Erlebnisgrenzen hinaus. Ähnlich ist es, wenn man Urlaub auf einem Campingplatz im Périgord macht, unter vielen französischen Familien. Dort kann ein Kind erleben, dass anders gesprochen und gefrühstückt wird, dass die Mahlzeiten zu anderen Zeiten eingenommen werden, dass man abends länger aufbleibt und die Kinder immer überallhin mitkommen.

Heimweh gehört mit zu den Erfahrungen des Reisens, die Sehnsucht nach dem eigenen Bett mit den Kuscheltieren, nach dem Garten mit der Hängematte. Ist man dann wieder zu Hause, sehen auch Kinder das Vertraute mit neuen Augen und genießen das Gewohnte mit einem kleinen inneren Abstand.

Für Kinder liegt das Fremde auch direkt vor der Haustür, in einem anderen Stadtviertel oder an einem schönen Platz in der näheren Umgebung. Um zu verreisen, braucht man also nicht unbedingt Auto, Bahn oder Flugzeug. Man kann in Bus oder Straßenbahn oder aufs Rad zu steigen und die heimische Umgebung erkunden. Es wäre doch schade, wenn man beispielsweise in Aachen lebt und ständig am Dom vorbei-, aber nie hineingeht und seinem Kind die Sage von dem Wolf erzählt, der dort steht.

Mit Kindern unter sechs sollte man generell lieber nach Mecklenburg-Vorpommern oder in die Karnischen Alpen als nach Neuseeland reisen. Lange Anreisen sind nur empfehlenswert, wenn man wenigstens drei Wochen bleibt. Nur dann können sich Kinder einer neuen Umgebung anpassen und haben wirklich etwas von der Reise.

Egal, wohin die Reise geht, Kinder wollen an den Vorbereitungen beteiligt sein, vom Kofferpacken bis zur Planung von Ausflügen. Es steigert die Vorfreude, wenn man sich gemeinsam vor der Abreise mit der Geschichte, der Sprache, den Essgewohnheiten und Traditionen der Reiseregion vertraut macht.

Was reiselustige Familien sonst noch unternehmen können? Mit ihrem Kind über das Fremde staunen. Im Atlas blättern. Von fremden Ländern, Menschen, Tieren erzählen. Mit dem Finger auf dem Globus verreisen. Auf einen Turm klettern und einen vertrauten Ort aus einer neuer Perspektive betrachten.

Wie bereite ich mein Kind auf die Schule vor? **86**

Eine Konfuzianische Maxime lautet: «Erkläre mir, und ich vergesse. Zeige mir, und ich erinnere. Lass es mich tun, und ich verstehe.» Und die amerikanische Hirnforschung sagt: «The mind is not in the head». Nervenverbindungen im Gehirn, sogenannte Synapsen, bilden sich, wenn Kinder aktiv an Erfahrungen beteiligt sind, also beim Selbsttun. Alle Tätigkeiten im und um den Haushalt sind gute Gelegenheiten, den Erfahrungs- und Wissenshorizont zu erweitern und feinmotorische Fähigkeiten zu schulen. Je besser diese entwickelt sind, desto leichter tun sich Schulanfänger beim Schreiben und Malen. In der Küche wird auch elementare Mengenlehre gelernt, etwa beim Salzen; beim Nüsseknacken lässt sich das Hebelgesetz verstehen; Mischen, Erhitzen, Abkühlen schenken Einblicke in chemische Abläufe. Ohne das überzubewerten, kann Kochen durchaus dazu beitragen, Freude am Forschen und Experimentieren zu entwickeln und vielleicht auch zu einem positiven Verhältnis zu Naturwissenschaften und Mathematik zu gelangen.

Neben dem Kochen sind es vor allem spielerische Aktivitäten, die numerische Kompetenz und Raumerfahrung fördern: Blinde-Kuh-Spielen, Purzelbaum vorwärts und rückwärts, über Baumstämme balancieren, auf allen Vieren laufen.

Mit das Wichtigste für Vorschulkinder ist: üben und wiederholen. Nur so können sich Gedächtnis und Erinnerungsvermögen ausreichend entwickeln. Intelligente Techniken des Übens bringen sich Vorschulkinder oft gegenseitig bei, oder indem sie aus dem Augenwinkel ein anderes Kind beobachten: Wie jongliert er? Wie schneidet sie die Figuren aus? Vor allem müssen Vorschulkinder viele Fehler machen dürfen. Lernen aus Fehlern ist die erfolgreichste Lernmethode überhaupt.

Entscheidend für die Schulreife ist keineswegs allein die kognitive Reife. Schule ist vor allem auch soziales Leben. Erst wenn Kinder Konflikte weitgehend selbständig durchstehen können, sind sie für den ersten Schultag gut gewappnet. Sie haben dann nicht nur mehr Kapazitäten frei, um zu lernen, sondern können auch Freundschaften schließen. Eltern von Vorschulkindern sollten sich also nicht mehr ständig in Kinderstreitigkeiten einmischen.

Das sollten Vorschulkinder können:

* Selbständig auf die Toilette gehen. Jacken und Schuhe an- und ausziehen.

* Stillsitzen. Anders lässt sich Lesen und Schreiben, im Gegensatz zum Rechnen, nicht lernen. Das kann man durchaus ein bisschen üben, zum Beispiel beim Vorlesen oder durch den Besuch eines Kinderkonzerts oder Marionettentheaters. (Weniger günstig sind Fernsehen oder Computerspiele.) Die wichtigste Voraussetzung dafür, dass ein Vorschulkind sich ein, zwei Stunden einigermaßen ruhig verhalten kann, ist die Möglichkeit, sich davor und danach ausgiebig auszutoben.

* Flüssig und verständlich sprechen. Das lernen Vorschulkinder auch übers (Nach-)Erzählen und Singen. Ein Lied zu Omas Geburtstag ist überdies eine gute Gelegenheit, in einem größeren, geschützten Rahmen seine Schüchternheit zu überwinden und anderen zu zeigen, was man gelernt hat.

* Sprachliche Auffälligkeiten wie Stottern und «Poltern» sollten rechtzeitig mit dem Kinderarzt und/oder einem Logopäden besprochen werden.

Warum sollte sich nicht alles um die Schule drehen? 87

Über eine Milliarde Euro investieren deutsche Eltern alljährlich in Nachhilfe. Das Merkwürdige daran: Mehr als ein Drittel der Nachhilfeschüler hat sowieso schon gute bis befriedigende Noten. Das geht aus einer vom Wissenschaftsministerium veranlassten Studie zur Situation des Nachhilfewesens hervor. Wirtschaftsexperten meinen, dass die Mittelschicht auch bei der Verbesserung der schulischen Leistungen ihrer Sprösslinge ums Überleben kämpft. Vielleicht. In jedem Fall steht fest, dass neben Hypotheken und Krediten die Schule das Thema ist, das viele dieser Eltern am meisten beschäftigt. Dagegen wäre wenig zu sagen, wenn es sich nicht überwiegend um unangenehme Dinge handeln würde. Dazu zählen neben schlechten Noten auch verlorene Füller, schlampige Heftführung und die allmorgendliche Clownperformance, in die manche Kinder ihre überschüssige Energie investieren.

Neun von zehn Auseinandersetzungen zwischen Eltern und Kindern hängen direkt oder indirekt mit Schule und Hausaufgaben zusammen. Eltern bekommen Migräne, wenn sie an das nächste Zeugnis, Kinder Bauchweh, wenn sie an den nächsten Schultag denken. Hier hilft nur eins: sich nicht zum verlängerten Arm der Schule oder der Wirtschaft machen lassen. Elternaufgabe ist, dafür zu sorgen, dass «Kinder Freude am Leben haben», sagt der polnischen Kinderarzt Janusz Korczak. Dazu gehört, sein Kind zu unterstützen, die Freude am Lernen wieder zu entdecken. Die meisten Kinder lernen sehr gern, wenn sie das selbstbestimmt tun dürfen.

Egal, ob ein Kind Muscheln sortiert, Mangas zeichnet oder Monsterfiguren in Stellung bringt – diese Beschäftigungen darf man nach Kräften und um ihrer selbst willen fördern. Ebenso das Lesen. Leidenschaft für eine Sache, Lesen und Schulerfolg gehen in aller Regel Hand in Hand, zumindest langfristig gesehen. Wenn Kinder für eine Sache brennen, stehen die Chancen gut, dass der Funke überspringt und sie sich irgendwann auch für schulische Inhalte engagieren.

In jedem Kinderleben muss täglich drei bis vier Stunden Zeit für Spiele und Hobbys sein, für Teenager wenigstens zwei. Eltern, denen sich bei dieser Vorstellung die Haare sträuben, nehmen sich vielleicht 15 Minuten Zeit und schauen sich auf Youtube «steve jobs stanford commencement speech 2005» an. Darin spricht der unlängst verstorbene Steve Jobs vor Studienanfängern der Stanford University über drei Lern-Geschichten. Eine handelt davon, dass er, nachdem er das College geschmissen hatte, einen Kurs in Kalligraphie besuchte, einfach weil er Spaß dran hatte. Aus dieser vollkommen zweckfreien Beschäftigung entwickelte er zehn Jahre später die für den Apple Computer charakteristische Typographie.

Für mehr tägliche Freizeit muss man eventuell schulische Aufgaben auf sechs statt auf fünf Schultage verteilen. (Ein Tag in der Woche sollte wirklich schulfrei sein.) Manches kann man auch in die Ferien packen. Ausgeschlafen und erholt tun sich Kinder mit Verstehen, Üben und Wiederholen leichter. Im Übrigen kann sich kein Kind, das bereits sechs und mehr Stunden in Schule und Hort hinter sich gebracht hat, noch konzentrieren.

Macht man sich wegen Noten und Leistungen große Sorgen, wendet man sich bei Grundschulkindern an den Klassenlehrer oder eine Schulberatung, nicht an sein Kind. Kinder wollen mit Hoffnung und Zuversicht in die Schule gehen, nicht zweifelnd und sorgenvoll.

Ein Schulwechsel wegen schlechter Leistungen kann bei weiterführenden Schulen durchaus sinnvoll sein, vielleicht hat man ja tatsächlich den falschen Schultyp gewählt. Unter den Grundschulen hingegen gibt es selten große Unterschiede, keine Eliteschule und keine wirklich schlechte. Ob man für eine gerade angesagte Privatschule seinem Kind einen weiten Schulweg und sich selbst finanzielle Mehrbelastungen zumuten soll, will jedenfalls gut überlegt sein.

Besondere Herausforderungen

Fühlt sich mein Kind in seinem Körper nicht wohl? 88

Im Rahmen einer psychologischen Studie an der Universität Michigan ließen Wissenschaftler Schülerinnen und Schüler in Badehose bzw. Badeanzug zu einem einfachen Mathetest antreten. Während sie die Aufgaben lösten, sollten sie einen Schokoriegel essen. Die Ergebnisse waren katastrophal. Die Testpersonen konnten sich nämlich nicht konzentrieren, weil sie ständig daran dachten, wie sie aussahen, und sich Sorgen machten, ob sie von dem Schokoriegel zunehmen würden.

67 Prozent der Neun- bis Sechzehnjährigen vermeiden bestimmte körperliche Aktivitäten, wenn sie mit ihrem Aussehen unzufrieden sind. Dabei sagt die Statistik, dass ein Grundschulkind ohnehin täglich neun Stunden liegt, neun Stunden sitzt (unter anderem vor Computer und Fernseher), fünf Stunden steht und sich gerade mal eine Stunde bewegt, davon 15 bis 30 Minuten intensiv. Kein Wunder, dass die Zahl der Kinder mit Übergewicht, Haltungsschäden und chronischen Rückenschmerzen Jahr für Jahr steigt.

Sich im eigenen Körper wohlzufühlen ist eine wichtige Voraussetzung, um lernen zu können – unter anderem auch konstruktives Sozialverhalten. Ein positives Körpergefühl kann Aggressionen und Diskriminierungen oft wirksamer verhindern als wortreiche Erklärungen, wie man Konflikte angemessen löst. Umgekehrt heißt das: Jugendliche mit einem negativen Körpergefühl fahren buchstäblich schneller aus der Haut als solche mit einem guten. Da das nicht unbedingt zu einem freundlichen Miteinander beiträgt, wird es für die Betroffenen immer schwieriger, ein positives Selbstbild aufzubauen. Um das zu kompensieren, greifen viele Heranwachsende zu Zigaretten, Alkohol und Drogen oder gehen unreflektierte und ungeschützte sexuelle Beziehungen ein. «Ein sicheres Körpergefühl ist die Grundlage jeder Sexualerziehung» – davon ist Petra

Milhoffer, Professorin für Grundschulpädagogik, überzeugt. Dafür sind in erster Linie die Eltern zuständig. Kuscheln, Umarmungen, freundliche Blicke und liebevolle Gesten tragen wesentlich zur Entwicklung eines positiven Körpergefühls bei und spielen sogar eine größere Rolle als sportliche Aktivitäten. Kinder, die sich ihren Eltern nicht nah fühlen, berichten dreimal häufiger von diffusen Bauch-, Kopf- oder Rückenschmerzen.

Um die Entwicklung eines positiven Körpergefühls zu unterstützen, sollten vor allem Väter von Töchtern sensibel mit dem Thema Aussehen umgehen. Selbst harmlose und vielleicht sogar lieb gemeinte Bemerkungen wie «wie geht's meinem Pummelchen?» können Selbstwahrnehmung und Selbstbild äußerst negativ beeinflussen. Der Vater ist der erste Mann im Leben eines Mädchens, der ihr Aufmerksamkeit schenkt. Diese sollte, was das Aussehen angeht, grundsätzlich freundlich und zustimmend ausfallen. Falls es wirklich einen kritischen Punkt gibt, ist das Thema in aller Regel besser bei der Mutter aufgehoben. Umgekehrt kann es eine gute Idee sein, wenn nicht die Mutter, sondern der Vater mit seinem Sohn vermeintliche körperliche «Minus»-Punkte erörtert. Auch Söhne brauchen die uneingeschränkte Bejahung in Sachen Aussehen vom gegengeschlechtlichen Elternteil, wenn auch vielleicht nicht ganz so dringend wie Töchter.

Wichtig ist, dass beide Eltern ihrerseits ein positives Körperbild haben, sich gern bewegen und gesund ernähren. Wer ständig an sich herummäkelt und eine Diät nach der anderen macht, ist in Sachen Körperbild kein besonders gutes Vorbild. Gemeinsames Kochen ist übrigens ein echtes Zaubermittel, um der ganzen Familie einen guten und bewussten Umgang mit dem eigenen Körper zu vermitteln. Außerdem ist Kochen kreativ, fördert den Zusammenhalt und macht Spaß. Diese Art von «Wellness» ist in jedem Fall wirkungsvoller als Schokomassagen für gestresste Kinder, wie sie durchgedrehte Hotelmanager anbieten.

Mit dem Kopf in den Wolken – wie hilft man Träumern auf die Erde? 89

«Die Guten vorn, die Schlechten hinten.» So lautete 1920 die eiserne Sitzordnung in der Schule. In der letzten Reihe träumt der kleine Heinz. Wenn der Lehrer «Aufpassen !» brüllt, reagiert er bockig. Den Eltern empfiehlt man, ihren Sohn in einer Anstalt für geistig Behinderte unterzubringen. Ein paar Jahrzehnte später gründet Heinz von Foerster das weltweit erste interdisziplinäre Zentrum für Kreuz- und Querdenker, das berühmte «Biological Computer Laboratory» der Universität Illinois. «Wirkliche Erkenntnis», sagte der Kybernetiker einmal in einem Interview, «entsteht in der Fantasie, im Gespräch mit sich selbst.»

Das Gespräch mit sich selbst beherrschen Träumer meisterhaft. In ihrer Welt spricht alles, Steine, Wolken und Märchenwesen. Es gibt weder Raum noch Zeit, die Bäume wachsen in den Himmel, und ihre Reisen führen sie zum Mittelpunkt der Erde. In der Realität machen verträumte Kinder Eltern und Lehrern allerdings oft Kopfzerbrechen. Sie sind unaufmerksam, fahrig und vergesslich, schlampig, ungeschickt und oft sehr, sehr langsam. In der Schule kommen sie nur schwer mit, weil sie mit ihren Gedanken woanders sind. Hinzu kommt, dass unter Tagträumern besonders viele Legastheniker sind. Dafür gibt es eine Erklärung: Tagträumer denken überwiegend in Bildern, nicht in Begriffen. Non-verbales Denken ist zwar 400 bis 2000 mal so schnell wie begriffliches Denken, doch sobald man auf ein Wort stößt, das sich nicht bildlich darstellen lässt, bekommt man Probleme. Desorientiert wirken Träumer auch bei alltäglichen Tätigkeiten. Soll das Kind den Tisch decken, marschiert es schon mal mit voll beladenem Tablett ins Bad statt ins Esszimmer.

Dafür haben Träumer ein fantastisches Gedächtnis für alles, was sie interessiert. Und sie verfügen über eine Fähigkeit, die geniale Menschen auszeichnet, Eltern allerdings zur Verzweiflung treibt: Sie können alles, was sie für unwichtig halten, komplett ausblenden. Tatsächlich finden sich unter Träumern oft

Hochbegabungen. Albert Einstein entwickelte nach eigenen Angaben die Relativitätstheorie aus seinen Tagträumen als gelangweilter Schüler. Tagträumer können Fehler im Kopf durchspielen und verschiedene Abläufe von bestimmten Ereignissen ersinnen. Nicht zuletzt trösten und beruhigen Tagträume und helfen über Zorn und Wut hinweg. Wer viel tagträumt, ist meist friedlich. Er muss Rachefantasien nicht ausleben, ihm genügt es, sie sich auszudenken.

Trotzdem brauchen Träumer manchmal Unterstützung, um den Alltag ohne Pannen zu bewältigen und nicht dauernd wegen ihrer Zerstreutheit anzuecken. Schimpfen und Mahnen machen ihnen nämlich besonders zu schaffen. Besser ist, man ordnet wie Mrs. Darling in «Peter Pan» ihre Gedanken und spricht vor dem Einschlafen über das, was sie gerade besonders beschäftigt.

Gut für Träumer:

* Alles, was ein Träumer schnell zur Hand haben muss – Schulsachen, Mütze, Hausschlüssel, Fahrkarte –, sollte einen gut sichtbaren Platz haben.
* Hetzen vermeiden, darauf reagieren sie meistens völlig kopflos.
* Praktische Handgriffe bewusst lernen: «Gläser abtrocknen geht so», «Socken so zusammenrollen».
* Ein Musikinstrument spielen: Nichts trainiert besser die Konzentration als Geige- oder Klavierspielen.
* Lernen mithilfe einer Melodie. Verträumte Kinder greifen oft ganz von selbst zu dieser Methode und singen sich wichtige Merksätze vor.

90 Wie macht man Angsthasen Mut?

Psychologen unterscheiden zwischen entwicklungs- und erziehungsbedingten Ängsten. Entwicklungsbedingte Ängste legen sich mit zunehmendem Alter und einem wachsenden Erfahrungshorizont in aller Regel von selbst. Mit zwei, drei Jahren lernen Kinder beispielsweise, dass Wunden heilen und man nicht zerbricht, wenn man hinfällt. Andere Ängste, wie die Angst vor Alleinsein und Dunkelheit, wallen in bestimmten Situationen immer wieder auf und begleiten Menschen in unterschiedlicher Intensität ein Leben lang.

Erziehungsbedingte Ängste entstehen durch Druck und Drohungen, vor allem wenn man Ängste ignoriert oder lächerlich macht. Auch ein überbehütender Erziehungsstil, der zu wenig Eigenständigkeit zulässt, kann eine ängstliche Grundstimmung vermitteln, «die ein Kind wie in einen Nebel hüllt», sagt die italienische Ärztin und Angst-Therapeutin Evi Crotti.

Eine völlig angstfreie Erziehung kann es nicht geben. Egal, wie behütet Kinder aufwachsen, vor irgendetwas werden sie Angst haben. Sie spüren durchaus, dass Angst zum Leben gehört, dass sie einen umsichtig und besonnen macht und dass man sich ihr stellen muss, um selbständig zu werden und ein stabiles Selbstwertgefühl zu entwickeln. Zur Not sorgen sie selbst dafür, dass sie sich ein wenig fürchten. Mit fünf, sechs Jahren wird bei Gruselgeschichten oder Spielen in der Dunkelheit die lustvolle Seite der Angst entdeckt. Die ist aber nur lustvoll, solange die Kinder selbst die Kontrolle darüber haben und keine wirkliche Gefahr droht!

Wie geht man am besten mit Ängsten um?

Möglichst gelassen. So kann das betroffene Kind selbst Strategien entwickeln, um damit klarzukommen. Ängstliche Kinder brauchen Mitgefühl und Zuneigung (jüngere oft auch noch ein Kuscheltier, Schmusetuch oder ein bestimmtes Ritual). Aber Mitleid hilft nicht! Das macht es nur noch schlimmer, weil sich das Gefühl verstärkt, schwach und inkompetent zu sein. Man muss nicht jedes Mal wieder betonen, wie gut man versteht, dass ein Kind beispielsweise Angst im Dunkeln hat. Besser man nimmt es an die Hand und sagt mit fester Stimme: «Ja, es ist dunkel. Das liegt daran, dass Nacht ist und die Menschen schlafen sollen. Das machen wir jetzt auch.»

Das Wichtigste ist, einem verängstigten Kind zuzuhören. Wenn es seine Gefühle in Worte, in ein Spiel oder Bild fassen kann, gelingt es meist auch, sie aus eigener Kraft zu überwinden. Oft gibt es einen aus der Perspektive des Erwachsenen harmlosen, aber konkreten Grund für die Angst. Ältere Kinder kann man auch direkt fragen: «Du hast Angst vor der Spritze. Wie kann ich dir helfen?»

An bestimmte angstbesetzte Situationen kann man auch in kleinen Schritten heranführen. Hat ein Kind Angst vor Wasser, geht es erst mal nur mit den Zehenspitzen hinein, und wenn es damit klarkommt, mit dem ganzen Fuß. Das mag einem ziemlich mühsam erscheinen, aber ist ein Anfang gemacht, lässt sich beobachten, dass Kinder die weiteren Schritte dann zügig in Eigenregie tun.

Findet man nichts, was den Umgang mit angstauslösenden Situationen erleichtert, muss man der Sache natürlich nachgehen und eventuell andere, die das Kind gut kennen, befragen – etwa Erzieher oder Lehrer. Setzen sich Ängste fest, können sie die Entwicklung ernsthaft hemmen oder gar krank machen.

91 Wie helfe ich meinem Faulpelz?

Kinder sind nicht faul. Eigentlich. Sie können problemlos vier Stunden mit dem Skateboard «Ollis» üben oder Witze erzählen. Aber wenn die elterlichen «Sklaventreiber» mahnen, dass der Meerschweinchen-Käfig frisch eingestreut werden muss und im Gang offenbar eine Mega-Tüte Popcorn explodiert ist, rappelt sich der Nachwuchs in Slow-motion hoch. Dann muss er erst mal aufs Klo. Das kann dauern. Macht er sich schließlich ans Werk, seufzt und stöhnt er, als müsse er mit bloßen Händen in der ägyptischen Wüste nach Öl graben. Deshalb hier ein paar Tricks, wie der Faulpelz in die Puschen kommt:

Tempo drosseln und auf die innere Uhr hören. Auf die eigene und die seines Kindes. Kinder wollen schlafen, wenn sie müde sind, essen, wenn sie hungrig sind, spielen, lachen, träumen, wenn sie Lust dazu haben – nicht, wenn es in den Zeitplan der Erwachsenen passt. Wenn sie ständig unter Zeitdruck stehen, verlieren sie die Freude an den kleinen Dingen und schalten irgendwann ab. Mit Faulheit hat das nichts zu tun.

Interessante und anspruchsvolle Aufgaben verteilen. Faulpelze langweilen sich schnell. Immer nur Spielzeug in Kisten werfen ist in der Tat öde. Beim Wort «Bohrmaschine» hingegen kommen sie sofort in die Gänge. Selbstverständlich dürfen sie damit nicht allein hantieren, aber Schrauben zureichen ist auch wichtig, und mit der Hilfe eines Erwachsenen kann man ab einem gewissen Alter durchaus auch Löcher bohren.

Fähigkeiten richtig einschätzen. Zu hohe oder zu niedrige Erwartungen sind frustrierend und lösen Reaktionen aus, die leicht mit Desinteresse und Faulheit verwechselt werden.

Regelmäßig auftanken. Wenn Kinder hungrig, durstig oder unausgeschlafen sind, geht gar nichts mehr. Sechs- bis Siebenjährige brauchen täglich noch zehn Stunden Schlaf und 3000 Kalorien! Zwischendurch gesunde Snacks anbieten.

Lachen und Geselligkeit. Wenn Kinder länger als einen Nachmittag desinteressiert und lethargisch wirken, ist meistens was im Busch. Faulheit ist eine Möglichkeit, Leiden auszuweichen, die durch schulische oder familiäre Probleme verursacht wurden. Hier heißt es herauszufinden, was das Kind bedrückt, und eine heitere Atmosphäre schaffen. Lachen und Geselligkeit bringen auch den größten Faulpelz wieder auf Trab.

Keine Arbeit aufdrängen, die total gegen den Strich geht. Das lässt sich nicht immer machen, aber wenn möglich sollte man berücksichtigen, dass auch Kinder bestimmte Vorlieben haben. Wenn der Faulpelz lieber Unkraut rupft als sein Zimmer aufräumt, kann man damit doch leben.

Keine Bevormundung und kritischen Bemerkungen. Die erzeugen das Gefühl, nicht kompetent zu sein. Irgendwann verhalten sich Kinder dann nach der Devise «wer nichts macht, macht nichts falsch». Kinder wollen die Arbeiten auf ihre Weise erledigen und für ihre Anstrengung gelobt werden. Auf Defizite weist man möglichst kurz und sachlich hin. So entwickelt der Faulpelz ein positives Selbstbild, und das ist der beste Motor überhaupt! Geht es nicht ohne klare Ansage, sorgt man für genaue Zielvorgaben und setzt ein zeitliches Limit: «Die Bücher für die Stadtbibliothek müssen bis Donnerstag zurückgebracht werden.» «Die Tränke im Meerschweinchenkäfig ist schmutzig. Du musst sie sofort sauber machen und auffüllen.»

92 Wie kann ich mein Kind vor Drogen, Zigaretten und Alkoholmissbrauch schützen?

Laut einer Studie der Weltgesundheitsorganisation von 2012 zeigt sich heute bei deutschen Kindern und Jugendlichen ein verbessertes Gesundheitsverhalten. Sie rauchen und trinken deutlich weniger als in den Vorjahren. Gerade die Rauscherfahrungen unter jungen Menschen gingen zurück – bei den Dreizehnjährigen halbierte sich der Wert sogar, wobei mehr Jungen Erfahrungen mit Alkohol haben als Mädchen. Rückläufig sind auch die Zahlen bei Zigaretten und Cannabis. Hier spielt der geschlechtsspezifische Unterschied kaum eine Rolle.

Trotzdem ist es, rein statistisch gesehen, unwahrscheinlich, dass ein Heranwachsender nicht irgendwann einmal mit Alkohol, Zigaretten oder Drogen in Berührung kommt, selbst wenn er in einem Umfeld aufwächst, wo das Tabu ist. Das ist für Eltern nicht gerade beruhigend, zumal sich schon Zwölfjährige trotz aller gesetzlichen Vorschriften Zigaretten und Alkohol problemlos beschaffen können und sich synthetische Drogen mit Mitteln herstellen lassen, die sich in jedem Haushalt finden. Jugendliche konsumieren diese vermeintlichen Highlighter aus den unterschiedlichsten Gründen: wegen persönlicher oder schulischer Probleme, wegen ihrer familiären Situation, aber auch, weil sie neugierig oder unterfordert sind, weil sie sich langweilen oder angeben wollen. Nein sagen können nur Heranwachsende, die ein stabiles Selbstbewusstsein und ein gutes Körpergefühl haben. Bewegung, gesunde Ernährung und ein entspanntes, zugewandtes familiäres Klima sind eine gute Suchtprophylaxe. Wichtig ist, dass Kinder in der Familie erleben, dass man maßvoll trinken und durchaus auch mal ohne Alkohol und Zigaretten feiern kann.

Um Heranwachsenden in puncto Nichtrauchen den Rücken zu stärken, kann man mit ihnen einen Vertrag abschließen: Für jedes Jahr, in dem sie nicht rauchen, wird ein bestimmter Betrag auf ein Sparbuch eingezahlt. Wenn ein Jugendlicher seine Eltern hinters Licht führt, ist dies das eigentliche Problem, nicht das Rauchen.

Manchen Eltern ist es lieber, ihr Teenager lernt die Wirkung des Alkohols mit einem guten Glas Rotwein beim Abendessen in der Familie kennen, als dass er sich auf einer Party mit selbstgemixten Fantasie-Drinks zuschüttet. Im Prinzip ist das keine schlechte Idee, auch wenn sich Letzteres vielleicht trotzdem nicht verhindern lassen wird.

Jugendliche, die sich betrunken oder Drogen genommen haben, muss man, sobald sie nüchtern sind, darauf ansprechen. In den meisten Fällen stecken keine großen Probleme dahinter. Alkohol und Zigaretten, sogenannte weiche Drogen, werden konsumiert, um alterstypische Unsicherheiten zu überspielen. Hier kann ein ruhiges Gespräch darüber helfen, wie man sich auf Partys benimmt und wie man Nein sagen kann, ohne als Spaßbremse dazustehen.

Vor allem brauchen Jugendliche Strategien, wie man mit «Durchhängern» umgeht und die für dieses Alter typischen Stimmungsschwankungen überwindet. Oft sind sie sehr emotional und vergessen schnell, dass sich Stimmungen ändern und selbst ausweglose Situationen am nächsten Tag völlig anders aussehen. Kommt es öfter zu Ausrutschern, muss man seinen Teenager eine Zeitlang schon um neun von Partys abholen. Es sollte allerdings bald wieder einen Versuch in Sachen Selbstverantwortung geben. Schließlich geht es nicht darum, Heilige zu erziehen, sondern verantwortungsvolle Menschen.

Eine aktuelle Studie der Universität Cambridge an 50 Geschwisterpaaren zeigt übrigens, dass die Empfänglichkeit für Drogensucht offenbar vererbt wird. Die Hauptautorin der Studie, Karen Ersche, betont, dass Drogenabhängigkeit kein Persönlichkeitsdefizit ist, sondern eine Krankheit aufgrund einer Störung des Gehirns. Für den Fall, dass man ein ungutes Gefühl hat, weil es nicht bei ein paar pubertären Entgleisungen bleibt oder weil sich der Jugendliche verändert, sollte man auf seine

innere Stimme hören und sich möglichst rasch an eine Beratungsstelle wenden. Eventuell auch erst einmal ohne sein Kind.

93 Mein Kind tanzt aus der Reihe. Muss ich mir Sorgen machen?

Es ist gewiss kein Zufall, dass viele friedliche Sozialrevolutionä-
re – Jesus, Buddha, Franziskus, Augustinus, Gandhi – auf eine
bewegte Kindheit und Jugend zurückblicken. Sie prügelten sich
und warfen das sauer verdiente Geld ihrer Eltern zum Fenster
hinaus, waren faul, eitel und gingen anderen mit ihren Launen
auf die Nerven. Im zarten Alter von zehn entdeckte Gandhi das
Glücksspiel und begann, um diese Passion zu finanzieren, ge-
stohlene Wertgegenstände zu verscherbeln. Als man ihn zur
Rede stellte, schwieg er hartnäckig, legte sich ins Bett und
rauchte die geklauten Zigaretten seines Onkels. Würden sich
unsere Kinder so aufführen, würden wir sofort zum Therapeuten laufen. Anders Familie Gandhi. Sie blieb freundlich und gelassen, und wenn es Mahatma allzu bunt trieb, setzte es eine
Tracht Prügel. (Das tun Eltern heute hoffentlich nicht!)

Diese Anekdote macht klar, was auch großen Studien zu die-
sem Thema zu entnehmen ist: Das Verhalten eines Kindes lässt
keine verlässliche Prognose für seine spätere Entwicklung zu.
Kriminologen betonen, dass kein Zusammenhang zwischen
Kinderdelinquenz und Straffälligkeit in der Adoleszenz besteht.
Abweichende oder – wie es im Fachjargon heißt – «deviante»
Verhaltensweisen sind häufig nur Episoden in einem Kinderle-
ben und sollten auch so betrachtet werden.

Alle Kinder durchlaufen mehr oder weniger aktiv Phasen, in
denen sie mit sich und der Welt im Reinen sind, und Zeiten, in
denen sie aus der Reihe tanzen, sich auffällig verhalten und
an Grenzen gehen. Vor allem Jungen geraten häufig aus Wage-
mut, Abenteuerlust, Renommiersucht oder purem Leichtsinn
in Konfliktsituationen. Das hat mehrere Gründe. Gefühls- und
Leistungsschwankungen sind häufiger und intensiver als bei Erwachsenen. Kinder haben außerdem eine völlig andere Ord-

nungs- und Zeitvorstellung. Jeder neue Entwicklungsschritt wird von Turbulenzen und Grenzüberschreitungen begleitet. Einige davon lassen sich sogar am Alter festmachen: die Trotzphase zwischen dem zweiten und dritten Lebensjahr, der Übergang zu einer rationalen, nüchternen Denkweise mit acht oder neun, die sogenannte kleine Pubertät, in der Kinder besonders häufig über die Stränge schlagen. Grober, gefährlicher, herzloser Unfug ist in diesem Alter fast normal. Hier genügt in aller Regel die klare, feste Ansage: «Das geht zu weit.» Wiederholen sich ungute Grenzüberschreitungen, muss man genauer hinsehen, und zwar nicht mit dem Fokus darauf, was das Kind angestellt hat, sondern was es damit sagen will.

Um beurteilen zu können, wo es sich um alterstypische Verhaltensschwierigkeiten handelt und wo um echte Verhaltensstörungen und Entwicklungsprobleme, muss man die Bedürfnisse eines Kindes kennen und wissen, wo es in seiner Entwicklung steht. Man braucht Vergleiche und Maßstäbe. Das hat aber auch seine Tücken. Eltern geraten leicht in Unruhe, wenn ein Kind einen normgerechten Entwicklungsschritt noch nicht gemacht hat. Nichtsdestotrotz: Beobachten Sie andere Kinder, sprechen Sie mit Eltern, deren Kinder erwachsen sind, mit Erziehern und Lehrern. Dabei erhält man authentische Informationen darüber, dass bestimmte Phänomene in einem bestimmten Alter auftreten, dass es immer natürliche Schwankungen nach oben und unten gibt und die Entwicklung der verschiedenen Persönlichkeitsbereiche – Intellekt, Körper, Sozialverhalten – selten parallel verläuft. Ein Kind kann intellektuell zehn sein, sozial aber erst acht, oder umgekehrt.

Da man heute oft viel zu schnell geneigt ist, in einem nichtkonformen Verhalten gleich eine Verhaltensauffälligkeit zu vermuten, sollte man sich bewusst machen, dass Grenzüberschreitungen zur Entwicklung einer starken und integren Persönlichkeit gehören. Sie sind die Basis, auf der sich Willenskraft, Selbstverantwortung und Gewissen entwickeln und ethische und soziale Werte verinnerlicht werden. Selbst wenn Eltern alles ganz richtig machen, sind Kinder zeitweise auch mal länger als drei Wochen «von der Rolle». Und das ist völlig in Ordnung.

94 Mein Kind ist schüchtern – wie kann ich ihm helfen?

Eine Studie zeigt, dass mehr als ein Viertel aller Schulkinder dauerhaft mit großer Unsicherheit und Schüchternheit zu kämpfen hat. Wenn sich Schüchternheit festsetzt und das Kind in fast jeder Situation zurückhält, soziale Kontakte zu knüpfen und zu pflegen, kann sie die Lebensqualität erheblich einschränken. Schüchternheit verursacht in hohem Maß Stress, was wiederum eine Reihe von psychosomatischen Krankheiten auslösen kann. Schüchterne Kinder brauchen daher Unterstützung, damit sie ihre Scheu überwinden.

Was können Eltern tun?

Spielen. Geeignet sind Spiele, bei denen es nicht um gewinnen und verlieren geht, die auch keine besondere körperliche oder intellektuelle Leistung erfordern, sondern bei denen man miteinander etwas kreiert: mit Playmobil-Figuren Alltagssituationen nachspielen, zum Beispiel Einkaufen, oder mit der Stofftierfamilie telefonieren.

Auf neue Umgebungen und Begegnungen vorbereiten. Schüchterne Kinder möchten gern wissen, was und wer sie erwartet, was es zu essen gibt, was man dort macht und wo die Toilette ist. (Bieten Sie an, ihr Kind zu begleiten.)

Unabhängigkeit fördern. Um Hilfe zu bitten, fällt schüchternen Kindern schwer. Deshalb sollten sie alltägliche Handgriffe ohne fremde Hilfe ausführen können. Hosen mit Gummizug, Klettverschlüsse, einfach zu öffnende Frühstücksdosen machen das Leben für sie sehr viel einfacher.

Zeigen, wie man mit anderen spricht. Anfangs genügen Begrüßung und Verabschiedung, später kann sich das Kind vielleicht auch selber vorstellen oder Fragen beantworten. Das kann man gut zu Hause üben. Wichtig ist, dass das Kind laut und deutlich spricht, damit es verstanden wird. Auf ungeduldiges Nachfragen eines Fremden würde es kein Wort mehr herausbringen. Im «Ernstfall» stellt man sich dann am besten neben sein Kind, nimmt seine Hand oder legt ihm den Arm um die Schulter.

Diskretion. Das Verhalten des Kindes nicht kommentieren, schon gar nicht in seinem Beisein. Wenn jemand das Kind darauf anspricht («du musst doch nicht schüchtern sein»), kann man beispielsweise sagen: «Uli ist nicht schüchtern, er möchte sich nur alles in Ruhe überlegen.»

Ist ein Kind extrem schüchtern und spricht ausschließlich mit engsten Familienmitgliedern, liegt möglicherweise eine Kommunikationsstörung vor. Für Selektiven Mutismus («mutus» ist das lateinische Wort für «stumm») gibt es klare Kriterien: In den immer gleichen, genau definierten Situationen spricht das Kind niemals, und die Störung dauert mindestens einen Monat. Dabei spricht das Kind ansonsten völlig normal, in der Familie sogar besonders viel, und kann auch alles verstehen. Selektiver Mutismus muss und kann erfolgreich therapiert werden.

Wie kann ich mein Kind trösten, wenn es Kummer hat? **95**

Kindertränen fließen aus vielen Gründen – und manchmal auch einfach so. Aus der Perspektive des Erwachsenen ist es ein Unterschied, ob Tränen fließen, weil sich ein Kind nicht von seiner Mama trennen kann, oder weil man ihm verbietet, mit Mamas neuem Kleid zu spielen. Aus der Perspektive des Kindes ist das eine so schlimm wie das andere. Differenzieren lernen die meisten Kinder erst am Ende der Grundschulzeit.

Wann und aus welchem Grund auch immer ein Kind weint, es ist in jedem Fall ein Zeichen, dass es unter Stress steht und Zuwendung und Aufmerksamkeit braucht. Tränen haben eine soziale Funktion, sagen Wissenschaftler. Sie sollen Anteilnahme und Mitgefühl wecken. Die Forscher vermuten auch, dass Tränen eine Art körpereigenes «Beruhigungsmittel» enthalten, das über Haut und Augen aufgenommen wird. Gleichzeitig werden mit den Tränen Schadstoffe ausgeschieden, die sich durch Stress und seelische Belastungen im Körper ansammeln. Wer geweint hat, fühlt sich hinterher erleichtert und oft auch ein bisschen müde. Warum manche Menschen dieses «Beruhigungsmittel» öfter brauchen als andere, weiß man dagegen noch nicht. Jungen und Mädchen weinen übrigens gleich oft. Erst in der Pubertät entwickeln Mädchen einen 60 Prozent höheren Spiegel des Hormons Prolaktin als Jungen und weinen deshalb schneller und öfter.

Kinder, die schmerzliche Gefühle weniger nach außen tragen, bezeichnet man gern als «pflegeleicht». Oft hält man sie fälschlicherweise für belastbarer, als sie eigentlich sind, und mutet ihnen mehr zu. Andere Kinder essen nicht, kauen an den Fingernägeln oder schlafen ein. Manche, oft Jungen, neigen dazu, schmerzliche Gefühle hinter Wut zu verstecken; sie tun anderen Kindern weh oder zerstören mutwillig Dinge. Für Eltern ist es dann besonders schwierig, zu verstehen, dass ihr Kind damit Kummer, Enttäuschungen oder Angst ausdrückt, dass seine Kinderwelt irgendwie aus den Fugen geraten ist, dass es ihm schlecht geht.

Um überhaupt ausdrücken zu können, was mit ihnen los ist, brauchen Kinder einen ausreichend großen Wortschatz. Die meisten verfügen darüber mit fünf, sechs Jahren, einige auch erst später. Manche Kinder sind jedoch so aufgewühlt, dass sie nicht sprechen können. In diesem Fall kann man versuchen, in Worte zu fassen, was sie bedrückt: «Du siehst traurig aus. Ist das, weil sich der große Junge in euer Spiel eingemischt hat?»

Wichtiger als zu reden ist jedoch zu signalisieren ‹Ich weiß zwar nicht genau, was los ist, aber ich bin für dich da›. Worte sind ohnehin nur bedingt geeignet, um mit starken Emotionen umzugehen. Sprechen beeinflusst die Kontrollzentren im denkenden Teil des Gehirns, hat aber relativ wenig Auswirkungen auf den Mandelkern, den Teil, der zum emotionalen Lernen und Erinnern befähigt.

Ein Kind zu trösten und innerlich zu stärken, braucht Einfühlungsvermögen, aber auch die Fähigkeit, nah zu sein, ohne sich den Kummer zu eigen zu machen. Am besten hört man erstmal nur zu, ohne Vorwürfe zu machen, Urteile abzugeben, Lösungen anzubieten oder Fragen zu stellen. Wenig geeignet sind auch Bemerkungen wie «vergrab dich nicht» und «denk nicht mehr daran». Ein Kind, das sich schlecht fühlt, braucht genau dieses Gefühl, und wenn es immer wieder von seinem Kummer sprechen muss, dann braucht es eben auch das.

Kommt ein Kind gar nicht mehr aus dem Stimmungstief heraus, muss man professionelle Hilfe suchen. Früher ging man davon aus, dass Kinder eigentlich nicht an Depressionen erkranken können. Heute weiß man, dass ungefähr ein Prozent der Kindergartenkinder, zwei Prozent der Schulkinder und fünf Prozent der Jugendlichen darunter leiden. (Im ersten Lebensjahrzehnt sind überwiegend Jungen betroffen, im zweiten Mädchen.) Wichtig zu wissen: Wie Erwachsene zeigen auch depressive Kinder ganz unterschiedliche Symptome. Sie reichen von Antriebslosigkeit und Aggressivität bis zu Essstörungen und Schlaflosigkeit – und fast alle können nicht mehr weinen.

Wie bändigt man Wut und Aggression? 96

Aus evolutionärer Sicht hat die Fähigkeit, schnell zornig zu werden und wild zu kämpfen, das Überleben sichergestellt. Aggressive Impulse gehören zwar zur genetischen Grundausstattung, doch im sogenannten Neokortex, dem denkenden Teil des Gehirns, können negative und positive Gefühle kontrolliert und gelenkt werden. Gelingt das nicht, geraten Kinder in Schwierigkeiten. 40 bis 50 Prozent aller klinischen Überweisungen im Kinder- und Jugendalter beziehen sich auf zornige, aggressive, in totaler Opposition befindliche Kinder.

Kinder- und Jugendpsychologen sehen eine Ursache mangelnder Impuls- und Affektkontrolle in einer ambivalenten Haltung den Launen und Wünschen eines Kindes gegenüber: «Eigentlich hatte Pablo ja heute schon ein Eis, aber...» Damit die

Entscheidungsfindung nicht zu lange dauert, baut sich Pablo schon mal drohend vor dem Eisstand auf. Eine Szene in der Öffentlichkeit? Lieber noch ein Eis.

Entsprechend niedrig ist die Frustrationstoleranz und Belastbarkeit mancher Kinder. Die prompte Bedürfnisbefriedigung erzeugt eine explosive Mischung aus Selbstsucht und großer Bedürftigkeit, Maßlosigkeit und Ungeduld. Ein erster, wichtiger Schritt zu mehr Selbstbeherrschung kann daher sein, dass Eltern es nicht mehr als ihre Hauptaufgabe ansehen, für angenehme Erfahrungen zu sorgen, sondern ihr Kind dabei unterstützen, sich selbst zufrieden und ausgeglichen zu machen. Emotionale Kontrolle stellt sich nicht einfach so mit zunehmendem Alter ein. Wutanfälle sind kein Zeichen von schlechtem Charakter sondern von mangelnder Selbstbeherrschung. Man muss sie lernen, nach Erkenntnissen der Hirnforschung möglichst vor Ende der Pubertät.

Bis zum Grundschulalter bedeutet rücksichtsvolles, kooperatives Verhalten allerdings noch eine große Anstrengung. Insofern ist es ganz normal, wenn auch noch Neun- und Zehnjährige hin und wieder trotzen oder ihrem Unwillen mit Protestgeheul Luft machen. Ein Wutausbruch heißt: ‹Meine Welt ist gerade ein einziges Chaos, das macht mir Angst, und ich muss schreien und um mich schlagen. Ich brauche Sicherheit und Geborgenheit. Zeigt bitte ein bisschen Stärke.›

Eltern sollten darauf besonnen reagieren. Dann lernen Kinder, vitale Emotionen in positive Energie zu verwandeln, und erfahren, dass sie die Welt durchaus nach ihren Vorstellungen gestalten können.

Schimpfen, Strafen, Ignorieren steigern hingegen das Gefühl von Desorientierung und Unsicherheit, Macht- und Bedeutungslosigkeit. Damit ist der nächste Wutausbruch programmiert.

Die wichtigsten Voraussetzungen, damit Kinder emotionale Selbstkontrolle lernen, sind:

* Einige wenige, aber klar umrissene (und eingehaltene) Familienregeln.
* Ruhe, Geduld, Langsamkeit. Nicht nur impulsive, tempera-

mentvolle Kinder fahren aus der Haut, wenn sie unter Zeitdruck stehen.

* Abwarten statt «Instant»-Bedürfnisbefriedigung. («Wir lesen nicht jetzt, sondern heute Abend vor», «Das neue Rad
gibt es zum Geburtstag», «Kino erst wieder nächsten Monat».)

* Unterstützung und Ermunterung bei schwierigen Aufgaben. Wutausbrüche sind oft ein Zeichen von Unsicherheit,
Hilflosigkeit, Überforderung.

* Selbsttun. Das stärkt das Selbstvertrauen und fördert eine
«Ich-kann-das»-Haltung, egal, ob es darum geht, die
Schnürsenkel zu binden oder ein Vogelhaus zu bauen.

* Kontakt zu Tieren. Wer lernt, ein Tier im Zaum zu halten,
lernt auch, die eigenen Impulse zu zügeln. Vor allem Reiten
und Voltigieren haben einen günstigen Einfluss auf leicht
erregbare Kinder.

* Verstehen, was das Kind wirklich will. Hinter Trotz und
Wutanfällen stecken manchmal Missverständnisse. Manchmal geht es um die Wiederholung von Erlebnissen, die das
Interesse eines Kindes geweckt haben. Vielleicht geht es gar
nicht um das zweite Eis, sondern darum, selbständig ein Eis
zu kaufen und dem Eismann zuzusehen, wie er Kugeln aus
den Töpfen schöpft und mit einem «Voilà» die Eiswaffel
überreicht.

* Reizworte vermeiden. Viele emotionale Ausbrüche entstehen infolge eines spezifischen Reizwortes, zum Beispiel
«Nein!». Besser als «nein, kommt nicht in Frage» ist «ich
muss darüber nachdenken», «wir reden morgen darüber».
Wie eine Entscheidung dann ausfällt, ist weniger wichtig,
als dass Kinder erfahren, dass sie mitreden dürfen.

* Wahlmöglichkeiten. «Die blauen oder die roten Socken?»
«Rührei oder Leberwurstbrot?» Das formt den Willen und
stärkt die Eigenverantwortung.

* Gefühle bekräftigen. «Du warst vorhin ganz schön wütend
und jetzt fühlst du dich vielleicht traurig und müde.» So
lernen Kinder, Wut, Eifersucht und Enttäuschung differen-

ziert in angemessene Worte zu fassen. Bei Flüchen, Kraftausdrücken, Beschimpfungen erst mal auf Durchzug schalten. Das klärt man besser, wenn Ruhe eingekehrt ist.

Professionelle Hilfe

Was bringt eine Erziehungsberatung?

Um Kinder zu erziehen, braucht es ein ganzes Dorf, heißt es in einem afrikanischen Sprichwort. Das gibt es aber nicht mehr. Eltern haben heute in der Regel nicht mehr Tante oder Großvater im Haus wohnen, die sie entlasten, keinen Handwerker unten im Erdgeschoss, der ein Auge darauf hat, wenn die Kinder im Hof spielen. Hinzu kommt, dass Erziehung heute anspruchsvoller ist als früher, als man in der Kindheit noch keine eigene und bedeutsame Lebensphase gesehen hat und Kinder in erster Linie funktionieren sollten. Eigentlich ist nichts normaler, als sich bei Experten Rat zu holen. Dennoch bedeutet es für viele Eltern große Überwindung, sich einzugestehen, dass sie nicht mehr weiterwissen. Dabei zeichnet gerade das gute Eltern aus! Wenn man sich rechtzeitig Hilfe holt, kann man sich und seinem Kind viel Stress und Kummer ersparen.

Wenn im Alltag zu wenig Zeit ist, übersieht man leicht, dass auch Kinder einen langen Tag haben und bis zum Abend einiges durchstehen, besonders, wenn sie ganztags im Kindergarten, im Hort oder in der Schule sind, denn von früh bis spät in einer Gruppe zu sein, ist anstrengend. Kinder reagieren darauf mit Widerstand in unterschiedlichster Form. In der Erziehungsberatung lernen Eltern, sich besser in diese Kindersituation einzufühlen, sich außerdem bewusst zu machen, dass jedes Kind anders in die Welt startet und manch eines vielleicht schon eine schwierige Geschichte mitbringt.

Berater sprechen auch darüber, was die Eltern selbst entlasten könnte. Das ist besonders wichtig, weil eine anhaltende schwierige Erziehungssituation fast immer Hand in Hand mit anderen Stressfaktoren geht: mit beruflichen Belastungen, finanziellen Sorgen, einem Krankheits- oder Pflegefall in der Familie. All das kann dazu führen, dass einem die Kraft fehlt, die Bedürfnisse seines Kindes wahrzunehmen.

Sinnvoll ist die Erziehungsberatung auch, wenn das Kind die Macht übernimmt, ein Phänomen, das relativ häufig zu beobachten ist. Die Anzeichen für eine solche Situation gehören alle in den Bereich Gewalt, auch wenn sich das hart anhört. Wenn ein Dreijähriger noch keine andere Form der Kontaktaufnahme praktiziert als schlagen, schubsen oder beißen, ist das ein Alarmsignal. In der Erziehungsberatung ist es möglich, sich damit ohne Vorwürfe und Schuldzuweisungen auseinanderzusetzen: «Wie gehe ich damit um? Wie kann ich meinem Kind Halt geben?»

Jede Beratungsstelle hat ihre eigene Herangehensweise. In aller Regel kommt es erst einmal zu einem Telefonkontakt, in dem die Eltern kurz schildern, warum es geht, wie alt das Kind ist und so weiter. Dann wird meist ein Fragebogen ausgefüllt. Was genau macht immer wieder Probleme? Welches Ziel haben sich die Eltern gesetzt?

Die Gespräche beginnen oft damit, dass Eltern sagen, «mein Kind ist immer so ... macht immer das ... ist immer so aggressiv». Der erste Schritt ist, eine Situation konkret zu beschreiben, denn nur damit lässt sich arbeiten. Außerdem ist diese eine Situation meist symptomatisch für alle anderen. Wenn man beim Essen keine Grenzen setzen kann, kann man es woanders auch nicht. Im Gespräch zeigt sich dann oft, dass nicht nur das Kind Probleme hat, sondern dass es auch große Probleme mit der Selbstliebe, dem Selbstvertrauen und Selbstrespekt der Eltern gibt. Das ist oft ein wunder Punkt. Es braucht viel Erfahrung seitens des Beratenden, damit sich Eltern mit eigenen Problemen auseinandersetzen. In den meisten Beratungsstellen wird großer Wert darauf gelegt, dass beide Elternteile kommen, auch wenn die Eltern getrennt sind oder das Problem scheinbar nur einen betrifft.

Eine Beratung bzw. ein Elterncoaching dauert in der Regel 50 bis 60 Minuten. Es gibt zwar keine schnellen Lösungen, aber oft haben Eltern bereits nach einigen Stunden das Handwerkszeug, um das Problem, das ihnen auf dem Herzen liegt, in den Griff zu kriegen, und müssen erst wiederkommen, wenn etwas Neues auftaucht und das Kind älter geworden ist.

In Frage kommen kommunale, staatliche und kirchliche Erziehungsberatungsstellen. In aller Regel trifft man dort auf ein Team von Fachkräften aus den Bereichen Psychologie, Sozialpädagogik, Sozialarbeit und Heilpädagogik mit unterschiedlichen Schwerpunkten und Spezialisierungen. Außerdem gibt es private Praxen für Elterncoaching, hier sind Psychologen, Pädagogen und Familientherapeuten tätig. Im Unterschied zur Erziehungsberatung kostet das Elterncoaching etwas. Das kann aber durchaus auch Vorteile haben.

Bundeskonferenz für Erziehungsberatung e.V.: www.bke.de
Praxen vor Ort, die Elterncoaching anbieten, im Netz unter dem Suchbegriff
«Elterncoaching»

Unkonzentriert und zappelig – hat mein Kind ADS oder ADHS? 98

Die Häufigkeit dieser Störungen im Kindesalter wird in Deutschland mit 3,9 Prozent angegeben, es gibt allerdings andere Erhebungen, die von 6 Prozent sprechen, einige sogar von 25 Prozent. Damit ist man gleich bei dem Dilemma: Nach wie vor gibt es nur unzureichende Möglichkeiten der Diagnose. Fest steht indessen, dass es sich bei ADHS (Aufmerksamkeitsdefizit-Hyperaktivitätsstörung) um eine im Kindesalter auftretende psychische Störung handelt. Im Unterschied dazu ist ADS (Aufmerksamkeitsdefizitsyndrom) eher eine Verhaltensstörung, charakterisiert durch mangelnde Konzentrationsfähigkeit und Aufmerksamkeit; die betroffenen Kinder sind leicht ablenkbar und mehr verträumt als zappelig. Allerdings überlagern sich ADS und ADHS in ihren Symptomen häufig; das macht die Diagnose so schwierig.

Nach einer Hochrechnung der Barmer GEK wurden allein für 2011 zwei Millionen Packungen Ritalin verordnet, eine Amphetamin-ähnliche Substanz, die dem Betäubungsmittelgesetz unterliegt. Die Techniker Krankenkasse teilte für ihre Versicherten mit, dass zwischen 2006 und 2010 die Verschreibungen für ADHS-Medikamente bei den Sechs- bis Achtzehnjährigen um 30 Prozent gestiegen seien. Ob sich die Krankheit aber tatsächlich derart ausgebreitet hat, darüber streiten sich seit Jahren Mediziner, Psychologen, Pharmakologen und Eltern

Eine aktuelle Untersuchung von Bochumer und Baseler Forschern zeigt, dass ADHS zu häufig diagnostiziert wird. Bei der Diagnose wird oft nur mit Faustregeln – so genannten Heuristiken – gearbeitet, nicht mit den anerkannten Diagnosekriterien. Von den Fehldiagnosen sind vor allem Jungen betroffen.

Der amerikanische Kinderpsychiater Leon Eisenberg gilt als wissenschaftlicher «Vater» von ADHS. Vor seinem Tod 2009 distanzierte er sich von der These, ADHS sei genetisch bedingt. Er sprach sogar von einer «konstruierten» Krankheit und schlug andere Therapieformen vor, die soziale Aspekte stärker berücksichtigen.

Stellt sich nach sorgfältiger Untersuchung und Prüfung durch einen anerkannten Kinderpsychiater heraus, dass ein Kind tatsächlich ADHS hat, kann Ritalin ein Segen sein. Immer aber sollten parallel verhaltens- und familientherapeutische Maßnahmen ergriffen werden.

ADHS.de info-adhs.de: ADHS Infoportal, ADHS Deutschland e.V., Zentrales ADHS Netz

99 Mein Kind ist «anders» – wie schaffen wir das?

Die Erkenntnis «mein Kind ist anders» tut immer weh. Manchmal kommt sie nur sehr mühsam, nach langem innerem Sträuben. Wenn Kinder, aus welchen Gründen auch immer, auffällig oder schwierig sind, wenn sie lernbehindert, krank, verhaltensgestört sind oder ein körperliches Handicap haben, kann das die Eltern in tiefste Verzweiflung, Wut und Angst stürzen.

Wichtig ist, sich Hilfe von außen zu holen. Liebe, Verständnis und Geduld sind die Basis, damit ein Kind, das anders ist, gedeihen kann, sie können jedoch nicht therapeutische oder ärztliche Maßnahmen ersetzen. Man sollte sich ausreichend

Zeit nehmen, um sich in Ruhe damit auseinanderzusetzen, dass man ein besonderes Kind hat. Eines, das einen vor besondere – auch familiäre und partnerschaftliche – Herausforderungen stellt.

Es hilft, den Blick nicht (ständig) auf die Defizite zu richten, sondern auf Situationen, wo es dem Kind gut geht, wo es lacht, entspannt und glücklich ist. Dann kann man auch die positiven Eigenschaften und Fähigkeiten sehen und versuchen, diese in den Vordergrund zu stellen. Das gelingt, wenn man sich über einen längeren Zeitraum therapeutisch begleiten lässt und/oder sich einer Selbsthilfegruppe anschließt. Hier findet man nicht nur Verständnis und Trost, sondern immer auch kompetenten Rat von anderen betroffenen Eltern.

www. kindernetzwerk.de
Ein authentisches Buch zu diesem Thema: Ulla Küchler, Tausent Grsse und Küesse: Vom Leben mit einer behinderten Tochter, München 2011.

Meine Tochter wird immer dünner – hat sie eine Essstörung? 100

An Anorexie (Magersucht) erkranken jährlich 0,5–1 Prozent der Kinder, die meisten im Alter zwischen 14 und 18. (Seit einigen Jahren sind vermehrt auch Jungen betroffen. Das Folgende gilt im Wesentlichen auch für sie, auch wenn hier der Fokus auf den Mädchen liegt.)

Erste Krankheitsanzeichen zeigen sich weniger beim Gewicht als an einem gesteigerten Interesse an Diäten und Inhaltsstoffen der Nahrung. Das Essverhalten wird immer komplizierter und wählerischer, Mahlzeiten werden ausgelassen. Gefährdet sind vor allem Mädchen, die hohe Erwartungen an sich stellen bzw. die hohen Erwartungen von Eltern im Besonderen und der Gesellschaft im Allgemeinen verinnerlicht haben. Ihr Selbstwertgefühl ist entsprechend gering, ihr Perfektionswahn dafür umso ausgeprägter.

Dass fast zwei Drittel aller Mädchen ein verzerrtes Körperbild haben, ist auch eine Folge der medialen Botschaften, wie eine Frau heute angeblich auszusehen hat. Jedes dritte Mädchen achtet aufs Essen, manchmal schon lange bevor sich die natürlichen Rundungen der Pubertät überhaupt zeigen.

Über 70 Prozent der Zwölfjährigen finden Aussehen und Styling «total» wichtig. Die intensive Auseinandersetzung mit sich und dem eigenen Körper ist eine Besonderheit der Pubertät. Doch manche Mädchen verbringen mehr Zeit vor dem Spiegel als mit Schularbeiten, Hobbys, Familie und Freunden.

Deshalb raten Psychologen: weg vom Spiegel, runter von der Waage. Statt sich mit ihrem Aussehen zu befassen, sollten Mädchen Gelegenheit haben, Verantwortung zu übernehmen und ihr kreatives, geistiges, soziales Potential zu entfalten. Vor allem aber müssen sie lernen, sich etwas zu erarbeiten und mit Hindernissen, Zurückweisungen und Enttäuschungen zurechtzukommen – mit anderen Worten, ein stabiles Selbstbewusstsein ausbilden. Nichts senkt besser das Risiko für die Entwicklung einer Essstörung!

Damit Mädchen lernen, mit (pubertärem) Stress in positiver Weise umzugehen, brauchen sie zuverlässige Methoden, um zur Ruhe zu kommen und zu entspannen. Yoga und Autogenes Training wirken sich positiv auf die Wahrnehmungsfähigkeit und die Konzentration aus und helfen, ein gesundes Körpergefühls zu entwickeln: Man akzeptiert, wer man physisch ist, und erhält genügend Raum in seinem Selbstbild, um Unregelmäßigkeiten, Unvollkommenheiten und Veränderungen zu ertragen. Auch Sport ist ein sehr gutes Mittel, um dieses Ziel zu erreichen. Er sorgt für einen verstärkten Muskelaufbau und modelliert sanft und gesund den Körper, man wird elastischer und energiegeladener. Wer sich bewegt, ist besser gelaunt und hat mehr Appetit.

Es wäre gut, wenn Mädchen wenigstens einmal im Jahr ein Time-out hätten, wo sie keine Zeit und Gelegenheit haben, sich im Spiegel zu betrachten. Vermutlich sind sie von einem Segeltörn in der eisigen Ostsee oder einer mehrtägigen Wanderung von Hütte zu Hütte erst mal weniger begeistert, im Nachhinein

finden die meisten solche Erfahrungen aber super und berichten übereinstimmend, wie entlastend es ist, sich zur Ab-
wechslung einmal nicht über ihr Gewicht und Klamotten zu
unterhalten, sondern darüber, wie man Segel vertäut.

Es ist erwiesen, dass Mädchen umso unzufriedener mit
sich und ihrem Aussehen sind, je öfter sie Sendungen wie
«Germany's Next Top Model» sehen und Fashionblogs oder
-magazine lesen. Da sich das vermutlich nicht ganz verhindern
lässt, kann man wenigstens darauf hinweisen, dass Fotomodel-
le und Schauspielerinnen einen hohen Preis für ihr Aussehen
zahlen. Und dass Fotos grundsätzlich bearbeitet sind. Im wirklichen Leben sind die Abgebildeten kaum wiederzuerkennen.

Warum sind auch große Erzieher als Eltern gescheitert? 101

Offenbar gilt auch hier, dass Theorie und Praxis mitunter weit
auseinanderklaffen, wobei anzumerken ist, dass viele der großen Erziehungstheoretiker – Sokrates, John Locke, Friedrich
Fröbel, Rudolf Steiner, Janusz Korczak – das Wagnis eigener
Kinder erst gar nicht eingegangen sind. Damit ist man bekanntlich auf der sicheren Seite. Andere berühmte Pädagogen ent-
ledigten sich ihres Nachwuchses bald wieder. Der Sohn von
Maria Montessori wuchs bei Pflegeeltern auf, erst als er über
vierzig Jahre alt war, bekannte sich Montessori zu ihm. Rousseau gab seine drei Kinder gleich im Säuglingsalter im Findel-
haus ab. «Wahrhaft glückliche Stunden» erlebte der Philosoph
und Aufklärer nicht im Kreis seiner Lieben, sondern wenn er in
einem Boot auf dem Bieler See schaukelte – allein.

Die Autorin selbst will an dieser Stelle bekennen, dass ihr
mehr als einmal von einem ihrer Kinder ein Text unter die Nase
gehalten wurde mit der Aufforderung: «Lies das mal, das hast
du geschrieben. Was steht da? Man soll seine Kinder nicht an-
schreien. Und was machst du?»

Aber was bedeutet überhaupt «Scheitern» im Zusammenhang mit der Erziehung eines Kindes? Als gescheitert hat sich

wohl Johann Heinrich Pestalozzi gesehen, der in einem Brief an seinen sechzehnjährigen Sohn Jacques gesteht, «... ich habe dich auf der Welt nicht so glücklich gemacht, als ich es wohl wünschte, dass du es wärest». Er war ein strenger Vater, ungeduldig und reizbar. Die vierzig verwahrlosten Kinder, derer er sich später annahm, wurden zwar von ihm unterrichtet, mussten aber mit Spinnen, Weben und landwirtschaftlichen Tätigkeiten ihren Unterhalt selbst erwirtschaften und den ihres Lehrers gleich mit. Kinderarbeit würde man das heute nennen. Gescheitert ist wohl auch Anna Wahlgren, Mutter von neun Kindern und Autorin des internationalen Bestsellers «Das Kinderbuch» von 1983. Nicht nur die Schweden, Eltern aus der ganzen Welt vertrauten ihren Ratschlägen («Ich wage, zu behaupten, dass ich die beste Kindererzieherin der Welt bin»). Vor drei Jahren zog eine ihrer erwachsenen Töchter in ihrer Autobiographie eine ganz andere Bilanz. Sie beschreibt das Leben mit der Supermutter als Albtraum.

Ein anderer Schwede zog ebenfalls eine bittere Bilanz, Jan Myrdal. Die familien- und erziehungspolitischen Schriften von Vater Gunnar und Mutter Alva, Friedensnobelpreisträgerin von 1982, zählen zu den Klassikern der modernen Soziologie. Der Sohn erlebte seine Kindheit als trostlos, die Eltern als gleichermaßen abwesend und abweisend. Mit vierzig Jahren brach Myrdal den Kontakt zu seiner Mutter ab.

Die Frage ist: Wird die Leistung dieser Kämpfer für die Rechte und die Bedürfnisse von Kindern dadurch geschmälert, dass sie selbst als Eltern versagt haben? Nein. Ebenso wenig wird die differenzierte, einfühlsame Darstellung eines «Tonio Kröger» dadurch entwertet, dass Thomas Mann seinen sechs Kindern, freundlich formuliert, kaum gerecht wurde und ihnen zeitlebens zutiefst fremd blieb – zwei von ihnen wählten den Freitod. Die Kinderporträts von Picasso bleiben Meisterwerke, obwohl er sich als Vater tyrannisch, rücksichtslos und unberechenbar gebärdete.

So leicht, wie das Scheitern zu beschreiben ist, so schwer ist es, zu bestimmen, wann Erziehung als geglückt angesehen wer-

den kann. Wenn das Kind mit siebzehn Abitur und einen Medi-
zin-Studienplatz in der Tasche hat? Wenn es mit vierzig einen
Oscar entgegennimmt und den Eltern unter Tränen dankt?
Doch was, wenn der glückliche Abiturient bzw. Preisträger ein
paar Jahre später depressiv, arbeitslos und frisch geschieden bei
seinen Eltern auf der Couch sitzt?

So traurig wird's meist nicht enden. Zurück zur anfänglichen
und letzten Frage: Wann waren Eltern gut, wann ist eine Erziehung gelungen? Wenn Eltern mit ihren großen Kindern eines
nicht so fernen Tages Freundschaft schließen. Und die hält das
ganze Leben lang ...

Zum Schluss noch mal Rousseau, der so gern auf dem Bieler
See vor sich hin träumte: »Der Wurf mag zuweilen nicht treffen,
aber die Absicht verfehlt niemals ihr Ziel.«

Wichtige Links und Hinweise

Rundum-Informationen

eltern.de

familien-wegweiser.de: Umfassende Informationen des Bundesministeriums
    für Familie, Senioren, Frauen und Jugend

bke-beratung.de: Online-Beratungsangebot der Bundeskonferenz für Erzie-
    hung

familienratgeber.de: Übersicht über staatliche Hilfen für Familien von BAföG,
    Kindergeld, Schulbedarfspaket bis Wohngeld

verbraucher-sicher-online.de: vom Bundesministerium für Ernährung, Land-
    wirtschaft und Verbraucherschutz gefördertes Projekt der Technischen Uni-
    versität Berlin

liga-kind.de: Deutsche Liga für das Kind; umfassende Adressdatei zu unter-
    schiedlichen Bereichen

Kinderschutz und Erziehungsberatung

kinderschutz-zentren.org

dksb.de: Deutscher Kinderschutzbund

bzga.de/adressen/titel.htm: Bundeszentrale für gesundheitliche Aufklärung;
    Adressliste zu Beratungsstellen mit folgenden Schwerpunkten: Sucht,
    Aids, Sexualität, Partnerschaft und Verhütung, sexueller Kindesmiss-
    brauch und Kindesmisshandlung, Essstörungen

caritas.de: Unter den Stichworten «Ich brauche Hilfe», «Aktionsfelder» oder
    «A–Z» gibt es Beratungsinformationen und Adressen der örtlichen Bera-
    tungseinrichtungen

beratung-caritasnet.de: Online-Beratung; Hilfsangebote für die Bereiche Erzie-
    hungs-, Jugend- und Familienberatung, Telefonseelsorge, Glücksspielsucht

dajeb.de: Beratungsführer der Deutschen Arbeitsgemeinschaft für Jugend- und
    Eheberatung

diakonie.net: Homepage des Diakonischen Werks; unter dem Stichwort «Dia-
    konie von A–Z» Beratungsangebote vor Ort

Schule und Förderung

dbs-ev.de: Deutscher Bundesverband der Sprachheilpädagogen

ifrk-ev.de: Initiative zur Förderung rechenschwacher Kinder

www.bvl-legasthenie.de: Bundesverband Legasthenie

www.schulpsychologie.de: Schulpsychologische Dienste

dghk.de: Deutsche Gesellschaft für das hochbegabte Kind

Das kranke Kind

dgkj.de: Deutsche Gesellschaft für Kinderheilkunde und Jugendmedizin

kindernetzwerk.de: Kindernetzwerk e.V. für kranke und behinderte Kinder und Jugendliche in der Gesellschaft; Treffpunkt für Eltern von Kindern mit chronischen Erkrankungen, Entwicklungsverzögerungen und Behinderungen. Datenbank mit Informationen und Adressen von Beratungsstellen zu den unterschiedlichen Krankheitsbildern

kinderaerzte-im-netz.de: Kinder- und Jugendärzte

down-syndrom.de: Arbeitskreis Down-Syndrom e.V.; Informationen und Adressenliste von Selbsthilfegruppen

kinder-psych.de: Kinder- und Jugendpsychiater der Universität Erlangen mit ausführlichen Fragen und Antworten zu psychischen Problemen bei Kindern und Jugendlichen

kipsy.net: Hilfe für psychisch kranke Eltern und ihre Familien

neurologen-und-psychiater-im-netz.de

bdp-verband.de: Berufsverband deutscher Psychologinnen und Psychologen

Hilfe in besonderen Lebenssituationen

0800-1110550: Nummer gegen Kummer; kostenfreies, anonymes Elterntelefon

0800-1110333: Nummer gegen Kummer für Kinder und Jugendliche

0800-2255530: kostenfreie Rufnummer für Betroffene und Angehörige bei sexuellem Kindesmissbrauch

hungrig-online.de: Kommunikationsplattform für Betroffene, Angehörige und Interessierte zum Thema Essstörungen

elternberatung-sucht.de: ELSA Beratung für Eltern von suchtgefährdeten Kindern und Jugendlichen

kinderstarkmachen.de: Aktion der Bundeszentrale für gesundheitliche Aufklärung gegen Drogenmissbrauch; persönliche Beratung bei der Hotline

Rechtsradikalismus

netz-gegen-nazis.de

exit-deutschland.de

Ausflüge und Ferien

www.bauernhofurlaub.com: Informationen über Ferien auf dem Bauernhof

zoo-infos.de: Informationen zu über 860 Zoos und Parks

gartenlinksammlung.de: Informationen zu Gärten, Parks, Freilichtmuseen

Medien

stiftunglesen.de: Stiftung Lesen; mit Leseempfehlungen und Lehrerinformationen

flimmo.de: Beratende Fernsehzeitung/Medienerziehung

sicher-online-gehen.de: Initiative von Bund, Ländern und Wirtschaft

blinde-kuh.de: Suchmaschine für Kinder

dolphinsecure.de: Kindersicheres Internet